ヒト・モノ・カネを
自在に操る

孫子の兵法

内閣参与
飯島勲 著

目次

形

四、軍形篇

戦う前の態勢づくりが勝敗を分ける

「先ず勝つべからざるを為して、以って敵の勝つべきを待つ」

勢

五、兵勢篇

とりあえず、勢いのある人に乗っていけ！

「正を以って合し、奇を以って勝つ」

虚

六、虚実篇

どうすれば主導権を握れるか

「人を致して人に致されず」

争

七、軍争篇

スケジュール管理をあなどるな

「迂を以って直となす」

変

八、九変篇

おかしな上司の命令には従うべきか

「将に五危あり」

行

九、行軍篇

効率的な移動で差をつける

「兵は多きを益とするに非ざるなり」

地

十、地形篇

地の利の生かし方

「天の災いに非ず、将の過ちなり」

九

十一、九地篇

戦う以外に生きのびる道がない

「始めは処女の如くにして」

はじめに

じゃんけんは、後出しに限る

じゃんけんに必勝法があるとすれば、

それは相手が何を出すかが事前にわかることだろう。

そのために何をすべきか。

本書の内容をひと言で言い表すとすれば、つまりはそういうことになる。

「じゃんけんに必勝法などない」と早合点して、行き当たりばったりに運任せでじゃんけんをしている人がほとんどではないか。それは大きな間違いなのである。

もし、コンピュータ同士が戦うのであれば、勝敗は五分と五分になるだろう。しかし、じゃんけんは人間が人間と戦う競技なのである。

例えば、グーとパーは、手を握ったり、開いたりするだけだが、チョキは複雑な形状をしていることに気づいている人はいるだろうか。二本の指を立て、残る三本を折り畳まなくてはいけない。

このチョキの形状は、幼児やお年寄りにとって瞬間的にチョキを出すのを案外難しい作業にしてしまっているのだ。

となれば、グーとパーの出現率が高いことになり、グーよりパーの方が強いのであるから、幼児や年寄り相手には、必然的にパーを出せば勝率がグッと上がることになる。

事前にこんな情報があったらどうだろうか。相手は組織を代表してじゃんけん大会に出場していて、グーを二回出し続けて連敗している。私がその相手ならこう考えるはずだ。

「ずっとグーを出し続けて負けている。次何を出してもいいのであるが、またグーを出して負けたら、組織に敗因を追及されてしまう。やはり、ここはグー以外を出そう」

相手の心理が読めたなら、次に自分が出すべきものがわかる。

はたまた相手にグーを出させる方法はないだろうか。

「私はここぞというときに、チョキを出す」「私はパーを心の底から嫌っている」という嘘の情報を水面下で流すのだ。

何より一番は、じゃんけんを後出しすることだろう。相手が打ってくる攻撃を出したのを見てから自分の策を出す。そうすれば絶対に勝てる。みなさんは、そんなこと現実世界では不可能と思うだろうか。

いやいや、まったく不可能ではないのである。

嘘だと思うなら、本書を読んでみてほしい。

本書は、プレジデント編集部の協力のもと、「孫子の兵法」と私の無手勝流の兵法とを同時にみなさんに伝授しようと書き下ろしたものだ。私は「孫子の兵法」について何もわかっていないし、本書の内容がすべてである。金輪際「孫子の兵法」に言及するつもりはない。取材や講演はその道の専門家に任せて、私は勘弁してもらうつもりだ。あくまで現場で奮闘するすべての日本人に、少しでも資するものがあればと願ったものである。

私の涙ぐましい努力をここで告白する。

書籍は、印税がだいたい一割で、一〇〇〇円のものが売れれば一〇〇円が、二〇〇〇円のものであれば二〇〇円が、私の懐に入ってくる計算だ。

ありがたいことに、この印税だけは、うちの妻の寛大な取り計らいによって、私のお小遣いとして使ってもいい取り決めになっている。一冊の本を売るために、私は写真撮影に応じ、サインを必死で書くのである（心で「一〇〇円、二〇〇円……」と数えながら）。

このエピソードから考えても、私が孫子の足元にも及ばない小さな人間だと気づく。私が孫子を語るのはやはり早すぎるのだろう。

本書が、皆様の生活に少しでも役立ちますように心より祈念します。

内閣参与（特命担当）飯島勲

頭でっかちになってはいけない。
実践で使えてこその戦略だ。

一、

始計篇

始

敵が強いときは戦わない

兵は詭道なり

プレジデントを毎号読んでくれている知人から「私のこの連載に『孫子の兵法』に近いものを感じる」と感想をいただいた。約二五〇〇年前の大軍略家になぞらえるなど、少し恥ずかしい気持ちがしたが、あらためて「孫子」を読んでみると、なるほど共感できる点が非常に多い。

孫子の中でも特に有名なのが次の一節だろう。

「兵は詭道《きどう》なり」

すなわち、

「戦いとは、だまし合いである」

ということだ。

私は永田町に勤めている間、孫子冒頭の章「始計篇」にあるこの「兵は詭道なり」という言葉を何度も実感した。

選挙は、現代社会における戦争といっていいと思う。小泉純一郎元首相も当選回数が少なかったときは選挙で非常に厳しい戦いを強いられたものだ。さすがに選挙で殺し合いとまではいかないが、候補者やそれを支える秘書は落選すると自分たちの職が失われてしまうのだから命がけである。選挙事務所はいつも殺気立っていた。選挙活動という戦いを支えるのが多くのボランティアだった。ボランティアたちは、頑張ってくれる人もいれば、遊び半分で自分の恋愛パートナーを探すためにきているような不届きな輩も当然いる。彼らをどうやって戦力に変えるか。まさに軍師としての腕の見せ所だった。

人を動かすためには、ビシッと叱る必要がある。私はこの嫌われ役を買って出て選挙事務所全体を戦う集団に進化させてきた。選挙事務所の空気がどうしてもピリッとしない場合のとっておきの裏技がある。これまでにも何回か紹介したことがあるが、もう一度ふれておこう。

完全な信頼関係もあり、気心が知れた人間がメガネをかけているなら、次のようにしてみてもいい。

その人のメガネのレンズのフレームと耳にかけるフレームの継ぎ目の部分を、手で思いっきり横から払うのです。多少の練習が必要ですが、うまくできれば、きれいに相手のメガネが飛ぶはず。メガネは傷むかもしれませんが、相手は全く痛くない。

パーンとイヤな音がして、事務所の真ん中にメガネが転がる。その場に居合わせた人は全員凍りつくでしょう。そこで、この仕事がいかに大切なものかを優しく

諭すのです。

（小学館文庫プレジデントセレクト・飯島勲著『権力の秘密』より）

孫子も人の指示を聞かずまじめに動かない人間の集団をどうやって規律正しく動かすかという難題に挑戦したことがあるという。

司馬遷の史記などで紹介されている有名なエピソードで、呉王が孫子の軍師としての実力を試そうと後宮の美女一八〇人の軍事調練を命じる。しかし、孫子がいくら指示を出しても、美女たちは従わない。孫子は諦めずに、五度繰り返したが、やはり、美女たちは言うことをきかない。そこで、孫子は「兵が従わないのはリーダーの責任である」として、隊長役の呉王の寵姫二人を殺してしまう。すると、あれだけ命令を聞かなかった美女たちが、必死で調練に取り組むようになったというストーリーだ。

これをきっかけに呉王は孫子の力を認め、軍師として迎えたという。

横山光輝さんの漫画『史記』でも「孫子の兵法」の章で紹介されているエピソード

自分の言葉が空回りしている。
どうすれば周りは本気を出すか考える。

なので、すでに知っている方も多いかもしれない。

世に兵法家として伝わる孫子は、兵法とは机の上のものではなく、実践で応用できてはじめて意味のあるものだと考えたのだろう。

どうやったら戦争に勝てるか。

それを考えに考え抜いたものだけが、勝利を得ることができる。

もし、組織にたるんだ空気があったら、どうすれば目の前の仕事に集中させられるかについてみなさんも考えてみてほしい。

実ならば之に備へ、強ならば之を避く

私が思うに、「孫子」冒頭の章であるこの始計篇のハイライトは、「兵は詭道なり」とそれに続く部分だ。孫子は「戦いはだまし合いだ」というだけでなく、具体的にどう攻めればいいかも伝えてくれている。

「故に能なるもこれに不能を示し、用なるもこれに不用を示し、近くともこれに遠きを示し、遠くともこれに近きを示し、利にしてこれを誘い、乱にしてこれを取り、実にしてこれに備え、強にしてこれを避け、怒にしてこれを撓し、卑にしてこれを驕らせ、佚にしてこれを労し、親にしてこれを離す。その無備を攻め、その不意に出づ。これ兵家の勝にして、先には伝うべからざるなり」

つまり、こういうことになる。

「できるのにできないふりをし、必要でも不要なふりをし、近くにいても遠くにいるように見せかける。利益をちらつかせて誘いこめ。相手が混乱しているようなら奪い取れ。敵の戦力が充実しているときには守りに徹せ。敵の方が強ければ戦うのを避ける。挑発して怒らせて敵の気持ちを乱す。下手に出て相手を驕らせる。相手の方を動かして疲れさせる。敵と友好関係を結ぶ相手を分裂させる。相手が備えていなければ攻める。不意を衝け。これが兵法における勝利である。相手の出方によって攻め方が変わるので、あらかじめ決めることはできない」

まさしくその通りである。

「敵の戦力が充実しているときには守りに徹せ。敵の方が強ければ戦うのを避ける」

これは交渉の原点である。「敵」というわけではないが、秘書時代、攻撃力の強さという点で、常に意識していたのが大手新聞の社会部記者だった。最近はコンプライアンス（法令順守）などという常識がマスコミにも浸透しているのか、激しい記者は減ったが、昔の記者は強かった。

議員宿舎の取材の際など、ピンポンと呼び出しベルを鳴らしても政治家が出てこなければ、ドアが壊れるくらいたたき続ける。それでようやくドアが開いたら今度は閉められないように、隙間に足を挟み込み、家に入り込む。

今、同じことをやったら不法侵入で訴えられるだろうが、政治家を攻撃するためなら何でもやるのが往年の社会部だった。

当時の印象が強いからか、何も悪いことはしていなくても「〇〇新聞社会部ですが」

と電話がかかってくると、企業の広報部などでもそわそわドキドキしてしまうのではないだろうか。電話だけならまだいいが、社会部記者が会社に押しかけてきたらどうするか。「お引き取りください」と言おうものなら「記者を追い出した」「謝罪から逃げた」とさらに炎上してしまう。

そんなときは、下手に反撃に出ようなどと考えず、守りに徹するしかない。

総理秘書官時代、道路公団民営化を進めているときに談合事件が発覚し、公団本部に社会部記者が押し寄せた。私は公団幹部に「捜査当局より先を行け」と指示を出した。当事者として事実を積極的に公表し、反省する姿勢を示すことで、いち早く情報を得たいという社会部記者の本能に訴えて、騒ぎを収束させた。

しかし、会見などやらずに済むならしない方がいい。企業の不祥事などの場合、事が大きくなる前に広報と担当部署が謝罪の書面を作成してメディアに配布してしまうのが一番だ。謝罪会見を求められたとしても法的に義務付けられているわけではないから、できるだけ無視した方がいいだろう。

不祥事のダメージの大きさは、スキャンダルの内容とは関係ない。新聞の割く紙面の大きさやテレビが放映した秒数によって決まる。どんなに罪が重かろうとも、報じられるのが一度に短時間ならダメージは最小限で済む。

ポイント

敵が強いときは戦わずに守りに徹する。相手が備えていなければ攻める。不意を衝け。敵を混乱させて、自分の思い通りに進める。利益をちらつかせて誘い込む。

始

次は
そち達に
隊長になって
もらう。
は…は
はい……!

二、作戦篇

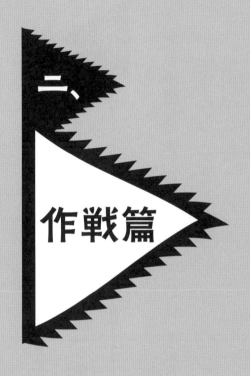

作

コストをかけずに短期決戦

馳車千駟、革車千乗、帯甲十万にて、千里に糧を饋る

作戦篇は私が好きな章の一つだ。何しろ、勝つことに必要なことはコストとスケジュールの管理とモチベーション向上である、と述べられているのだ。

この篇の冒頭で孫子は言う。

「およそ兵を用うるの法は、馳車千駟《ちしゃせんし》、革車千乗《かくしゃせんじょう》、帯甲十万《たいこうじゅうまん》にて、千里に糧を饋《おく》る。則ち内外の費え、賓客の用、膠漆の材、車甲の奉、日に千金を費して、然る後に

十万の師挙がる」

一言で言うと「戦争には金がかかる」との意味だ。

『全訳「武経七書1　孫子呉子」』（守屋洋、守屋淳著、プレジデント社刊）を参考に私なりに訳してみた。

「戦車を千台、輸送車も千台、兵卒十万人を動員して、遠征中の糧食も準備して千里先に送る。これには内外の経費、外交使節の接待費、軍需物資の調達、車両、兵器の補充などで、一日千金もの費用がかかる。それでなければ、十万人もの大軍は動かせない」

この時代の戦車は馬車で、一台につき、戦士三人、馬四頭だったといわれる。それを千台用意するのだから、当時としては相当な出費だったことがわかる。

孫子は「戦争には金がかかる」ということを前提として、時間をかけずに勝つことの重要性を説いている。

コストをかければ、勝利の可能性は高まるが、負担が大きくなればなるほど、国は疲弊する。勝っても負けても長期戦の影響は大きく、経済的に困窮して国力が弱まり、他国から攻撃される恐れが生じるという。

だから戦をするなら短期決戦という流れになっていくのだが、私が気になるのは「日に千金を費して、然る後に十万の師挙がる」の部分。戦うために必要な物資やお金をどう用意するのかという、現代的な言い方をすればロジスティクスの部分を考えてしまうのだ。

日に千金を費して、然る後に十万の師挙がる

孫子の時代に戦争を遂行するのに必要なものが兵を維持するための食糧とお金である。現代の戦であるビジネスを遂行する場合でもそれは変わらず、従業員の健康を保つための食糧と資金は欠かせない。

孫子の時代から二五〇〇年を経て変化があったとすれば、企業の活動にはエネルギ

ーの確保が必須となっていることだろうか。特に電力の安定供給は必要不可欠であるといえる。

二〇一五年一〇月、国連気候変動枠組み条約（COP21）の作業部会開催に合わせて、欧州の環境NGO「E3G」が発表した先進七カ国（G7）の石炭火力発電抑制に関する取り組みのランキングで、日本は「最下位」と判定された。

福島第一原発の事故以来、日本は石炭火力の新設が相次いでおり、海外での建設を支援していることから「最下位」と評価されたと考えられる。

もっとも欧州の褐炭を使った火力発電と違い、日本の石炭火力発電は燃焼効率が高く、温暖化ガスの発生を抑えるための技術が導入されているので、一緒くたにされて「最下位」といわれるのは腹立たしいが、それでも事故以前のように原発を使えない以上、批判は甘んじて受け入れるしかない。

福島第一原発での事故当時、パニックに陥った菅直人元総理を孫正義氏がたきつけて始まった再生可能エネルギーをめぐる制度がうまく機能しているかというとそうでもない。

太陽光・風力は発電コストが割高だ。住宅用太陽光発電の稼働率は一二％で、発電コストは二九・四円／ｋＷｈ。風力は稼働率二〇％、二一・六円／ｋＷｈ。天候によって気まぐれに発電量が変わるために、不足分を補うための莫大な設備投資、保守コストが必要になる。新たな送電設備も大量に必要になる一方で、設備利用率は低くムダが多い。コストは抑えるべし、という孫子の教えにも背くことになる。

太陽光発電は、発電量が不安定であるだけでなく、メガソーラー設備の建設に伴いさまざまな問題が発生している。

二〇一五年九月の栃木・茨城豪雨で鬼怒川が決壊した際には、茨城県常総市の現場近くにあったメガソーラーとの因果関係が取りざたされた。直接的な関係は否定されているが、常総市に限らずソーラーパネル設置のために、森林伐採や丘陵掘削が行われ環境が破壊されたとの報告は多い。

「環境にやさしいから」と導入を進めたはずの自然エネルギー発電で環境を破壊する

本末転倒な事態が多発しているのだ。

今こそ、コストを抑えた電力の安定供給という基本に立ち返り、日本経済の兵站を支えてもらいたい。

善く兵を用うる者は、役、再籍せず、糧、三載せず

作戦篇には、戦いにおけるコスト削減意識を促す場面もある。

「善く兵を用うる者は、役、再籍せず、糧、三載せず。用を国に取り、糧を敵に因る。故に軍食足るべきなり。国の師に貧するは、遠く輸《おく》ればなり。遠く輸れば、則ち百姓《ひゃくせい》貧し、師に近き者は貴売す。貴売すれば、則ち百姓、財竭く。財竭くれば、則ち丘役に急なり。力屈し財殫《つ》き、中原の内、家に虚し。百姓の費え、十にその七を去る。公家の費え、破車罷馬《はしゃひば》、甲冑矢弩《かっちゅうしど》、戟楯蔽櫓《げきじゅんへいろ》、丘牛大車《きゅうぎゅうたいしゃ》、十にその六を去る。故に、智将は務めて敵に食む。敵の一鍾を食むは、吾が二十鍾に当たり、

忌干《きかん》一石は、吾が二十石に当たる」

飯島流に現代語訳すると次のようになる。

「戦上手なリーダーは、兵卒や糧秣の追加などで輸送の回数が増えてコストがかかることを恐れる。コストがかかればかかるほど、国民の負担が大きくなる。戦争はまた物価の上昇につながり、これもまた国民を疲弊させる。物価の上昇により、国民の蓄えの七割が失われるだろう。また軍備による出費も増大し、国庫の六割に達するだろう。だから、兵員や装備はともかく食糧についてはできるだけ現地調達でコスト削減に励むべし」

「深追いすること百里ならば将を失い五十里ならば兵の半ばを失う」これを実行するのです。

現地調達といっても、略奪を推奨しているわけではない。孫子は、敵国の農民でも対価を支払って買い取れば、自軍の評判もよくなると強調している。

しかし、現代の戦争においては、こうした現地調達は非常に難しい。イラクでも南スーダンでも国内の災害支援でも自衛隊が歓迎されるのは、活動期間中の隊員の生活に必要なものは、水、食糧から風呂、トイレにいたるまで現地に迷惑をかけずに自分で賄える組織であることも大きいと思う。

国内であっても東日本大震災の被災地での活動では、完全自給自足であることに加えて、被災者への炊き出しまで行える自衛隊の存在が現地の支えとなっていた。

智将は務めて敵に食む

そんな自衛隊には、現地に持ち込んだ食糧が尽きたときにどうすればよいかという秘蔵のマニュアルがあることを思い出した。しかも余分な予算は一切使わない。まさに究極の現地調達である。

二〇〇六年三月に隊員のパソコンからの情報漏えい事件が起きた際に流出した、陸上自衛隊サバイバルレシピ「昆虫の食べ方」なる資料だ。

カマキリ／羽をむしってから焼いたり、炒めたりしよう。煮てもよい。

カブトムシ／幼虫の焼いたものは香りもよく、一度食べたらやみつきになりそう。

クモ／足を取ってから食べる。味はチョコレートそっくり。

そして、わが故郷・長野県の珍味であるハチノコも紹介されている。

「生でもOK。炒めたり、煮てもよい」。イナゴとハチノコは、文部科学省の食品標準成分表にも記載されている立派な食材で、我々長野県民にとっては一般的な郷土食なので、サバイバル用のための特別な食材といわれると微妙だが、山間部であれば、比較的簡単に入手できる食材であることは間違いない。

孫子は、農民に対価を支払っての現地調達をすすめていたが、昆虫なら完全に無料。体力とテクニックは必要だが、金銭的にはまったくコストはかからない。

私も子供のころはよくハチノコを取りにいったものだ。このテクニックには自信がある。カエルの太ももの肉をマッチ棒の頭二つ分ぐらいカットして真綿の先を糸状に細くしたものを結び、働きバチにエサとして与えておびき出す。ハチがエサを巣に運ぶのを追いかけ、巣のハチノコを一網打尽にする。

このカエルの肉の調整が非常に難しい。肉片が少ないと高すぎてハチを見失い、肉片が多いと持ち上げられない。地上二メートルくらいの高さでハチが飛ぶように調整して、真綿を目印に追いかける。遠くても一キロ以内に巣はあるのだが、ハチは山を越え、谷を越えていく。相手は空、こちらは地上を走る。ヤブだろうと川だろうと突進していく勇気が求められる。

ハチの巣にたどり着いたら、火を焚いて煙を出して、攻撃力のある成虫を寝かせてしまう。成虫が動かなくなったのを確認したら、巣を取り外し、ピンセットで幼虫を取り出して食べるのだ。

ハチノコ取りは、地域の子供たちがグループで出かけ、上級生が下級生に取り方を伝授していくが、教えられたことだけをやっていても美味しいハチノコにはありつけない。自分の感覚で新しい工夫を加えることで、成功率を高めることができる。ちなみに私は、生よりも炒めて甘辛く味付けたハチノコが好きだ。

自衛隊は扱っていないようだが、ザザムシも見つけやすく食べやすい虫だ。今どきの都会の若者には食べづらいかもしれないが。

水がざあざあと流れる砂礫の多い場所を「ざざ」といい、その石ころの下に生息する虫のことで、カゲロウなどの幼虫である。特に伊那市の天竜川で取れたザザムシは珍味とされている。

私が子供のころは、冬になると河原に出かけて、石をひっくり返しながらザザムシを集めて持ち帰り、母親に佃煮にしてもらったものだ。

私の子供時代は、現代ほどには食糧事情がよくなかったので、自然から食べものを調達する話題になると気分が盛り上がってしまう。

敵を殺すものは怒りなり。敵の利を取るものは貨なり

話題を孫子に戻そう。作戦篇のもう一つの柱であるモチベーションの向上にも触れておかねばならない。

「故に敵を殺すものは怒りなり。敵の利を取るものは貨なり。故に車戦して車《くるま》十乗《じゅうじょう》已上《いじょう》を得れば、その先ず得たる者を賞し、而してその旌旗《せいき》を更《か》え、車は雑《まじ》えてこれに乗り、卒は善くしてこれを養う。これを敵に勝ちて強を益すと謂う。故に兵は勝つことを貴び、久しきを貴ばず。故に兵を知るの将は、生民の司命、国家安危の主なり」

細かく訳すと次のようになる。

「敵を倒すためには敵愾心も必要である。敵から物資を奪うためには、戦果に見合った褒賞を用意しなければならない。特に戦車を一〇台以上も奪うような大きな戦果を挙げた兵がいたら、真っ先に褒美をあげて褒め称えよう。その後で、奪った戦車の旗を自軍のものに付け替えて、捕虜にした兵士は手厚くもてなして自軍の兵力に組み込もう。これで勝てば勝つほど強くなれるのである。戦いには勝たなければならないが、長期戦はよくない。これらのことを熟知するリーダーこそ、国民の生命、そして未来を託すのにふさわしい」

現代の企業でも十分に通じる一節である。

上司は部下のモチベーション向上に努め、成果を出したら褒める。業績が向上したら報酬にも反映させれば、部下のモチベーションはさらに上がり、企業はより強くなる。ライバル企業との競争に勝ったら、傘下に収めて組織をさらに強化するといったところだろうか。

部下が上司に求めるもの、そして、人の上に立つ者に求められる資質は、昔から変わらないことを実感した。

作

ポイント

コストとスケジュールの管理とモチベーション向上の重要性は二五〇〇年前から変化なし

長期戦はコスト負担が大きくなるから避ける。

経済戦争のロジスティクスを考える。

業績が向上したら報酬にも反映させる。

三国志の曹操は「孫子」の研究者として知られている。

三、

謀攻篇

謀

戦わないことが最善の策

戦わずして人の兵を屈するは善の善なるものなり

私は初めて「孫子」を手に取って「謀攻篇」というタイトルを見たとき、「謀略を用いて敵を攻める」という内容が書かれていると想像した。陰謀が渦巻く永田町で戦うためのヒントがあるに違いないとドキドキしてページをめくった。

しかし、ここに書かれていたのは、「戦わないことが最善の策」という、現代の価値観にも通じる普遍の真理だった。そして、確かに永田町のような世界では、最高の策だったのである。
「謀攻篇」の冒頭には、次のように書かれている。

「およそ兵を用うるの法は、国を全うするを上となし、国を破るはこれに次ぐ。軍を全うするを上となし、軍を破るはこれに次ぐ。旅を全うするを上となし、旅を破るはこれに次ぐ。卒を全うするを上となし、卒を破るはこれに次ぐ。伍を全うするを上となし、伍を破るはこれに次ぐ。この故に、百戦百勝は善の善なるものに非ず。戦わずして人の兵を屈するは善の善なるものなり」

今回は大胆に意訳してみた。
「戦争になったら、敵国が立ち直れないような打撃を与えるより、痛めつけずに降伏させた方が良い。敵の軍にしても、戦って撃破するより、損害を与えずに降伏させた方が良い。『旅』とは大隊、『卒』は中隊、『伍』は小隊のことだが、こちらも同様で戦ってたたきのめすのは得策ではない。だから百回戦って百回勝ったとしても、それは最善の結果とはいえない。戦わないで敵国を降伏させるのが最善なのだ」

つまり、孫子の「謀攻の法」とは「戦わずして勝つ」ということだ。戦うことなく勝利するためには、まず相手の意図を見抜き、相手の心をつかむことが必要だ。

ビジネスの交渉にしても、永田町や霞が関での根回しにしても、「降伏させる」と思うとハードルが高くなるが、「相手の気持ちを理解して、自分に協力してもらうための説得」と解釈すれば、応用範囲が広がってくる。

そう考えて記憶をたどってみると、私はかつて〝全面降伏〟に追い込まれた経験があることを思い出した。

相手の〝名将〟は、官邸の秘書官室に三六年間勤めて一九人の総理大臣を支えて二〇〇七年に引退した大塚和子さんだ。彼女ほど〝できる〟人にはなかなかお目にかかれない。

小泉首相が在任中の官邸では、特別な来訪者がない場合や、首相が公務で外出する予定がない場合は、私も含めた秘書官五人と各省から派遣された参事官五人が、小泉首相を囲んで昼食をとることが通例となっていた。

大塚さんは同席しないのだが、小泉首相の体調や前日の会合の食事内容などを考えて官邸の調理場と交渉し、毎回、だれからも不満が出ないメニューを用意してくれた。

小泉元首相が麺類好きだったため、どうしてもラーメンやそば、うどんの日が多かったが、私はどちらかというと、できれば毎食ご飯が食べたい派。大塚さんは、特に私が要望を出さないのにそのあたりをわかってくれていて、ラーメンの日はチャーハン、うどんのときはご飯を付けてくれた。

一番感動したのは、みんなでラーメンと餃子を頼んだとき、他の人は一人四個だった餃子が、私の皿には六個載せてあったこと。大塚さんは、私の喜ばせ方を本当によくわかってくれていた。大塚さんのためなら喜んで働きたいと感じたものだ。

今、振り返ってみれば、あのとき私は大塚さんに戦わずに負けたのではないだろうか。大塚さんのようなプロの技で「戦わずして勝つ」というところまで行かなくとも、ムダな戦いを避ける方法はある。

話したくない相手、会ったら衝突してしまうことが確実な相手と会食しなければならなくなったらどうするか。私が推奨するのはカニ料理を選ぶことだ。

料理が運ばれてくれば、全員がカニを剝くことに集中するから、絶対に会話が弾まない。話したくない相手と話さなくて済むのである。

ひたすらカニの殻と格闘している間に時間は過ぎ、宴会はお開きとなる。途中で相手が気づいて、カニを剝くのを中断して話しかけてきても、黙々とうつむきながら殻を剝いていればいい。もし、ヤバイ話を仕掛けてきたら「痛い！」などと、指を切ったフリをして会話を打ち切ることもできる。

普段なら会話が途絶えがちになると不自然になるが、カニ料理ならだれも問題にしないだろう。美味しい料理に加え、面倒な話を聞かずに済んで全員が大満足となるはずだ。

カニが食べられないという人がいる場合は、嚙みごたえのあるホルモン焼きでも同じような効果が得られるだろう。
というわけで、食卓とはまさに戦場なのだ。

将能にして君御せざる者は勝つ

孫子はこの「謀攻篇」において、戦わずに勝利を手にするために必要不可欠な要素として、君主とその補佐役たる将軍の良好な関係を挙げている。
良好な関係は、有能な将軍に対して、君主が余計な口出しをしないことで築かれる。日本政府であれば、総理大臣と各大臣や各省庁の幹部、企業であれば社長と役員、あるいは現場の指揮官である管理職たちとの関係というところだろうか。

「故に勝を知るに五あり。
以って戦うべきと以って戦うべからざるとを知る者は勝つ。
衆寡の用を識る者は勝つ。

上下欲を同じくする者は勝つ。

虞を以って不虞を待つ者は勝つ。

将能にして君御せざる者は勝つ」


次のような意味になる。

「双方の戦力を冷静に分析して戦うかどうかを判断できるものが勝つ。

兵力に応じた戦いの仕方を知っているものが勝つ。

身分の上の者と下の者の気持ちが一致していれば勝つ。

万全の体制を固めて、相手の不備に付け込めるものが勝てる。

将軍が有能で、君主が干渉しない体制が整っていれば勝てる」

しかし、この孫子の論には盲点がある。

「将」が絶対に有能であることが前提なのだ。世の中には、周囲にそれほど有能な人材に恵まれていないリーダーだっているはずだ。そんな悪条件で働かなければならないリーダーは、有能な腹心がいなくても、部下たちの資質に問題があっても、きちんと動く組織づくりから始めなければならない。私が数々の選対本部の経験から編み出した手法を一つ紹介したい。

公職選挙法上の選挙運動は、選挙が公示されてからだが、その前から選挙区には何台もの宣伝カーが走る。立候補予定者が乗っているのは一台だけで、後はアルバイトのウグイス嬢と運転手だけで回っていることも多い。

私は選挙事務所にアルバイトに来たウグイス嬢や運転手たちに「だれと組みたいか」「だれと組みたくないか」と必ず聞くことにしている。モチベーションを保つために相性のよいものを組ませる、などということは絶対にやらない。

「組みたくない」と答えたもの同士をカップルとして車に乗せるのだ。できれば口もききたくない相手だから、ひたすら働くしかなくなる。お互いに「組みたい」人同士を一緒にしたら、若い男女のこと、仕事よりプライベートが優先されてしまう恐れもある。

彼を知り
己《おのれ》を知れば
百戦して
殆《あやう》からず
孫子

しかし、毎日嫌いな相手と一緒の車に乗るのがイヤだと逃げられても困るので、数日に一回は組み替えも実施する。ここでも一番好きな相手とは一緒にさせず、二番目に嫌いな相手と組ませるのがコツだ。

また、選挙事務所には、支持してくれる企業に応援を頼むことがある。電話かけやポスター貼り、チラシ配布など人数が必要な仕事がいくらでもあるからだ。

しかし、私は「うちも社員を応援に出しますよ」と言ってくれる社長の申し出は必ず断った。労務提供が一種の賄賂と見なされる恐れもあるが、真意は違う。モチベーションの高いボランティアを集める秘策があったからだ。

「できれば、社長さん、あなた一人でいいので事務所でお茶くみをお願いできませんか」と頼む。社長が働いているのを見れば、社員は無理に頼まなくても応援に駆けつけてくるものだ。

もしも、最初の社長の申し出を受けていたら、「来週から社長の命令で選挙の応援だよ。下手して選挙違反で捕まったらどうするんだ」などと居酒屋で愚痴をこぼすやる気のない社員が来て、選挙事務所の士気を落としたかもしれない。

また、「あの社長がお茶くみをしている」という噂が選挙区内に広がれば、同業他社の社長たちも「うちが出遅れてはまずい」と事務所にやってくる。社長一人にお茶くみを頼むだけで、モチベーションの高い運動員を確実に集めることができるのだ。

自分が信頼できる組織を築いた上で、次のステップに進めばいい。私なりの兵法はいかがだろうか。

これらの勝利の条件をおさえた上で、本当に勝つためには何をすればいいかを最後に孫子は説いている。


「故に曰く、彼を知り己を知れば、百戦にして殆《あや》うからず」

敵を知り、己を知れば負けることはないのである。

謀

ポイント

戦わずして勝つ。
経営者と管理職、上司と部下の関係が良好な組織は強い。
管理職が有能で、トップが干渉しない体制が最高
敵を知り、己を知れば負けることはない。
食卓もまた戦場。

孫子没後700年、『三国志』の武将たちも
『孫子』を学んでいたようだ。

四、
軍形篇

形

戦う前の態勢づくりが勝敗を分ける

先ず勝つべからざるを為して、以って敵の勝つべきを待つ

軍形篇は、私自身共感できる部分が非常に多いのだが、書き下し文にしてしまうと非常にわかりづらく、とっつきにくいと感じる読者もいるかもしれない。

「昔の善く戦う者は、先ず勝つべからざるを為して、以って敵の勝つべきを待つ。勝つべからざるは己に在るも、勝つべきは敵に在り。故に善く戦う者は、能く勝つべからざるを為すも、敵をして必ず勝つべからしむること能わず。故に曰く、

形

勝は知るべくして、為すべからず、と」

「勝つべき」「勝つべからざる」「勝つべからしむる」と次々に出てきて、だれが勝ったのか、負けたのか混乱するのではないだろうか。中高生たちが漢文や古典を嫌いになるのはこういう点からではないかと要らぬ心配をしてしまった。彼らの授業では一語一語しっかりと意味を読み取る必要があるのだろうが、私の仕事は、現代社会で戦うビジネスマンのために孫子を読み解くことである。

あえて簡単にまとめる。

「実際に戦う前の態勢づくりが勝敗を分ける！」

孫子がすすめる戦い方は、まず、守りを固めて「不敗」の態勢を整えた上で、自軍と相手の戦力を見極め、隙を見計らって攻めに転じるというような作戦だ。多くの人に注目されるような派手な勝ち方というのは素人くさい。だれにも賞賛されないような自然な勝ち方こそが、真の智謀といえるのだそうだ。

そして、この「軍形篇」に書かれている通り、決して負けない！　という態勢を整えて決戦に挑んだ戦いとして思い出されるのが二〇〇二年の小泉総理の北朝鮮訪問だ。

一般的には外務省の田中均氏が事前の交渉役だったと伝えられているが、私が首脳会談で「勝てる！」という確信を得たのは、田中氏からの情報ではなく、ある財界人を通じて伝えられた「金正日総書記が拉致事件に対して謝罪する」という情報だった。

本気でそこまで譲歩する気があるのかを確かめるため、私は同行するメディアの人数を増やしたり、携帯電話の持ち込みを求めたりと、北朝鮮にとってはハードルが高そうな条件を持ちかけてみた。驚いたことに北朝鮮側は私の要求をすべて受け入れた。その時点で「不敗」という確証を得たといってよい。

そして残ったのは当日の不測の事態をどう防ぐかという最後の課題。

一般に首脳会談の冒頭では、握手を交わす両首脳の記念撮影を行うのが定番となっている。しかし、北朝鮮という国は握手の場面で親密さを演出し、相手の首脳が北朝鮮に従順な態度を示したというイメージとして、撮影した映像を後々まで利用する。

日本側としては、独裁者から抱きつかれることは絶対に避けなければならない。後々、両首脳が親しいと誤解されるような写真や映像が残ってはいけないからである。だから、抱きつかれないように気を使いながら、それでいて外交辞令としての握手を交わす方法を考えた。

それで編み出したのが、握手の際に素早く相手の親指以外の四本の指を強く握るというテクニックだ。手のひら同士を合わせて握手するのではなく、指を押さえられてしまうと、人間は自ら手指を動かすことができなくなる。親しげに握った手を振ろうと思えば、四回でも五回でも好きなだけ振れるし、そっけなく終わろうと思えばその通りになる。手を押さえることで距離感も保てるから、抱きつくことなどもちろん不可能だ。

当時の写真を見れば、小泉総理は笑顔を見せないまま金正日の指の部分をしっかり握っていることが確認できるはずだ。ただ、二度目の訪朝の際には大切な握手の場面のど真ん中になぜか私が写っているのが問題なのだが。

拉致事件も核問題もいまだ解決したとはいえず、小泉総理の二度の訪朝の評価が分かれることは承知しているが、「平壌宣言」と拉致被害者五人の帰国を成し遂げたことは、小泉内閣の成果として挙げてもよいと考えている。

勝つべからざるは守るなり。勝つべきは攻むるなり

この握手テクニックは、首脳外交の席でなくても応用できる。パーティーなどの公の場で、著名人と記念写真を撮って、自らの信用を上げようとする人物がいる。詐欺の材料として使われる悪質なケースがあるから要注意だが、それを防ぐ手段としても有効だ。

赤の他人から握手を求められたら応じないのが一番だが、執拗に頼まれた場合など、不機嫌そうに指の部分だけ握ってその場を離れればよい。地位の高い人間が、パーティーに参加する場合などは、スキを見せず、ドリンクを持ったり、ポケットに手を入れたりなど防御にも気を配りたいものだ。

形

握手ひとつにも勝敗の駆け引きがある。少し大げさかもしれないが、握手という例から、自らが傷を負うことなく、相手に打撃を与えるシミュレーションを考えてみたい。孫子は次のように言っている。

「勝つべからざるは守るなり。勝つべきは攻むるなり。守るは則ち足らざればなり。攻むるは則ち余りあればなり。善く守る者は九地の下に蔵《かく》れ、善く攻むる者は九天の上に動く。故に能く自ら保ちて勝を全うするなり」

例によって私なりに解釈してみた。

「勝利できる条件が整っていなければ守るに徹する。逆に、勝機を見出したら一気に攻める。守りを優先するのは、自軍が劣勢なときであり、攻撃に転ずるのは自軍が優勢なときである。だからこそ、優れたリーダーは、自軍が劣勢なときは兵力を敵軍の目から隠して攻め込まれないようにし、自軍が有利になったときは、一気に攻め立てる。つまり、自軍は無傷のままで完全勝利を収めることができるのである」

身長差のある相手とのあいさつや握手を想定して、完全勝利の方法をシミュレーションしてみよう。

米大統領選挙においては、一九〇〇年から一九七二年にニクソン大統領が自分より身長の高い候補を破るまで身長の高い候補者が勝ち続けたというデータがある。また、最近の選挙では、候補者の身長についてインターネットで調べる有権者も増えているという。米国では身長は政治的にも大きな関心事なのだ。

カナダの心理学者の研究によると、身長が高いほど社会的に力があるように見えるという。背が高いと、それだけ相手を「見下す」ケースが増えるためか、自尊心も高い人が多いという。

それでは背が低い人はどうすればよいか。会社勤めの人でも、仕事先との交渉、またはクレームなどで訪問したら、自分よりも背が高い担当者が出てきたという経験があるだろう。

そんなときは、できるだけ離れた位置であいさつを済ませることで解決できる。身長差があっても距離が離れればそれだけ目線は水平に近くなり、「見下げられた」形ではなくなる。

対面シーンを写真に残す必要がある場合など、肩を接して並べば身長差が明確に表れてしまい、背の低い方が貧弱な印象になってしまうが、間を空ければ目立たない。具体的な距離でいえば、最低でも一メートルは確保したい。握手をしなければならない場合でも、互いに手を伸ばせば、一メートルを空けることは可能だ。

逆に地位の高い相手よりも自分の身長が高い場合にも、ある程度の距離を保つことで、先方に不快感を与えずに済む。身長差のある相手と互いに頭を下げ合ったら、大きい人は小さい人の後頭部が見え、双方が非常に気まずい思いをするだろう。頭の高さが目立たない程度の距離まで離れることで、友好的に交渉を始めることができるはずだ。

背が低い人が自社で訪問者を迎える場合はさらに簡単な解決法がある。座って話せ

形

あらゆる場面に通じる絶対の法則などないのだ。

ばよいのである。座ってしまえば、立っているときほど高さの差は出ないものだ。

座高が変わらないのに身長差があるというのは脚の長さがそれだけ違うということだから、それはそれで悲しい事実なのだが、交渉時には目線が高い方が有利だから、自分用に座面が高いイスを、来客用のソファは、普通に座ると沈み込んでしまうようなやわらかいクッションのものを用意しておくのも一つの手だ。

初対面で自らが「勝つべき」条件を整えて攻めに転ずるのが、ビジネス上の戦略の第一歩といえるかもしれない。

私自身は使ったことはないが、もう一つ、奥の手がある。自分自身の存在感にどうしても自信が持てないという人は、太陽光が差し込む窓がある応接室を選んで窓をバックに座ってみることをおすすめする。仏像の光背のように、背後から光が当たると大人物に見えてしまう効果を得られるのだ。

心理学的な「後光効果（ハロー効果）」とは、ある人物について一ついい印象があると、その他の面についてもよく見えてしまうという現象のことだが、この場合は、物理的

形

に光が当たってよく見える〝後光効果〟といえる。
一方、来客用に沈み込むタイプのクッションのソファを用意すると別の効果もある。一般的に来客は、どんなにソファが座りにくくても姿勢を正すべきだと考える。沈み込むクッションに抗うように必死に背筋を伸ばすと、それだけ早く疲労することになり、長時間の交渉は難しくなるのだ。できれば断りたい商談のときなど、相手を早く帰らせたいときにも、この来客用ソファは活躍してくれるはずだ。
再び孫子に戻ろう。軍形篇の後半に出てくる次の一説は有名なのですでに知っている読者も多いかもしれない。

「勝兵は先ず勝ちて而る後に戦いを求め、敗兵は先ず戦いて而る後に勝ちを求む」

「戦う前に勝てるだけの準備があるものは勝利し、戦い始めてからあわてて勝とうと考えるようでは必ず負けてしまう」

実際の戦いに入る前にすでに勝負は決まっていることが多い。戦いの準備の例としては、瑣末だと思うかもしれないが、握手でもソファでも準備を怠ってはいけないのだ。

善く戦う者の勝つや、智名なく、勇功なし

孫子の言う通り、実際の戦いが始まる前に勝敗は決している。まったく同感だ。そしてもう一点、この章で孫子に共感できる一節があるので紹介したい。

「勝を見ること衆人の知る所に過ぎざるは、善の善なるものに非ざるなり。戦い勝ちて天下善しと曰うも、善の善なるものに非ざるなり。故に秋毫を挙ぐるも多力となさず。日月を見るも明目となさず。雷霆を聞くも聡耳となさず。古の所謂善く戦う者は、勝ち易きに勝つ者なり。故に善く戦う者の勝つや、智名なく、勇功なし」

「だれにでもわかりやすい派手な勝ち方は最善の勝利とはいえない。世間でもてはやされるような勝ち方もいい勝ち方とは言い難い。だれも毛を一本持ちあげたところで、力持ちだとほめる人はいないし、雷の音が聞こえたからといって耳がいいと言う人はいないだろう。真の戦上手は他人の興味を引かない簡単な勝ち方を選ぶ。だから、その智謀は人に知られず、勇敢さも賞賛されない」

今でこそ、こうして自著を出版し、講演などで自らの考えを聞いてもらう機会も増えたが、私は「黒子に徹する」ことが秘書としての美学だと考えてきた。

小泉内閣時代、図らずも秘書官としてメディアに取り上げられてしまったが、それでよかったのだろうか。知られたということは私の仕事ぶりに隙があったのではと反省したこともある。私の理想は孫子の言う「善く戦う者の勝功や、智名なく、勇功なし」なのだ。

総理秘書官時代の仕事では、郵政解散からの衆院選大勝や、二回にわたる訪朝の際のことを取り上げられることが多いが、私自身にとっては、地道に各省庁を回って根回しし、国民が必要とする数々の法律を成立させる手助けをしてきたことこそ、秘書としての誇りに感じる仕事なのだ。

ポイント

勝敗は戦う前に決している。
まず守りを固めて態勢を整え、勝利の機会をうかがう。
勝てないときは守りに徹する。勝てるときは迷わず攻める。
理想の勝ち方は無傷の完全勝利。
本物の軍師は黒子に徹する。

形

『三国志』にも〝兵法〟を
論じる場面は多い。

五、

兵勢篇

勢

とりあえず、勢いのある人に乗っていけ！

正を以って合し、奇を以って勝つ

「兵勢篇」はタイトル通り、勢いに乗って勝つ方法を記したものである。

孫子は言う。

「およそ戦いは、正を以って合し、奇を以って勝つ。故に善く奇を出す者は、窮まりなきこと天地の如く、竭《つ》きざること江河の如し。終りてまた始まるは、日月これなり。死してまた生ずるは四時《しじ》これなり」

現代の言葉で解釈してみるとこんな感じになる。

「敵と対峙するときには正攻法で、敵を打ち破るタイミングには奇襲を採用するのがいい。だから奇襲を得意とする将軍は、天地のように終わりが見えず、大河のように尽きることがない。太陽と月のように没してはまた昇る。四季のように何度もめぐってくる」

縺《もつ》れた糸を解《ほど》くにも
むやみに引っぱったり
せぬものです。
他人の喧嘩の手助けをするに
しても いっしょになって
殴りあっていては駄目です。
相手の虚をついてこそ
形勢は有利になるのです。

「奇を以って勝つ」という言葉も孫子の中で引用される回数が多いフレーズかもしれない。しかし、重要なのは、「奇を以って～」の前に、「正を以って合し」

という部分がセットになっていることだ。

ちなみに、「正」とは戦いにおけるいわゆる正攻法のことで、「奇」とは奇襲のこと。「兵勢篇」では、「正」と「奇」を自在に組み合わせることで、勝利に向かって勢いのある流れをつくることが重要なのだという。

孫子の理想とする作戦は「天地のように終わりが見えず、大河のように尽きることがない。太陽と月のように没してはまた昇る。四季のように何度もめぐってくる」ようなものらしい。

作戦にたとえられているものがすべて雄大である。天と地、大河、太陽と月。宇宙のようにすごい作戦を繰り出すリーダーに勝てるものがいるのだろうか。まあ、これは少しオーバーな比喩だとして、孫子が言いたかったのは、「正」と「奇」をバランスよく使うことにより生み出す効果が非常に大きくなるといったことだと思う。

善く戦う者は、これを勢に求めて、人に責めず

続いて孫子は、勢いというものが戦いにおいていかに重要かを述べている。

「激水の疾《はや》くして石を漂わすに至るは、勢なり。鷙鳥《しちょう》の撃ちて毀折に至るは、節なり。この故に善く戦う者は、その勢は険にして、その節は短なり。勢は弩を彍《は》るが如く、節は機を発するが如し」

なんとなく、字面から「勢い」が伝わってくるような気がするが念のため、私なりの解釈を記す。

「激しい水の流れが岩を流すのも、猛禽が一撃で獲物を倒すのも、勢いがあるからだ。だから、戦上手は勢いに乗り、一瞬の瞬発力で勝負する。(当時の有力な兵器であった)大弓にたとえると、引くことで生まれる力が勢いであり、発射装置を使って飛び出す矢のスピードが瞬発力であるといえる」

「勢い」は組織を強くする。しかし、自ら「勢い」をつくるのは非常に難しい。孫子はこの「兵勢篇」で一つの答えを出してくれている。

「故に善く戦う者は、これを勢に求めて、人に責めず。故に能く人を択《す》てて勢に任ず。勢に任ずる者は、その人を戦わしむるや、木石を転ずるが如し」

孫子の言い方は回りくどいような気がするので、一言でまとめる。

それしかない。

「とりあえず、勢いのある人に乗っていけ！」

自分で勢いをつくることができなくても、何か勢いを感じる人、場所に乗っかっていけば成功をつかめるかもしれない。

さて、現代に生きる我々が勢いに乗る、とはどういうことだろうか。政界でも企業でも、出世が見込まれる人を選んでその人に従う、というケースは多いだろうが、それではありきたりすぎる。

世界中のだれもが勢いを感じる国、といえばインドではなかろうか。中国に続く世界第二位の人口を抱え、急速に経済発展が進んでいる。特にＩＴ分野の人材の豊富さには定評がある。

そんなインドでは二〇一四年に政権が交代した。前任のマンモハン・シン首相は大変な親日家として知られたが、現在のナレンドラ・モディ首相も、米国や中国からも招待を受ける中で初めての外遊先に日本を選んでいる。今後も良好な関係が続きそうで、日本はインドの勢いに乗っているといえるかもしれない。

実はモディ新首相と安倍首相の間を取り持つのに、私も一役買わせてもらった。二〇一四年一月、安倍首相がインドを訪問した際、私が無理にお願いして、まだ野党の政治家だったモディ氏との面会時間をつくってもらったことがある。そして、モディ氏とインドの経済人三〇人と安倍首相の極秘懇談会を実現させた。

一般的に選挙を控えている時期に、外国の賓客が野党のリーダーと会うことは内政干渉と誤解される恐れもあり、公にセッティングすることは難しい。しかし、あの時点で次期首相がモディ氏になるという私の読みを信頼して安倍首相は特別に時間を取ってくれた。これが「勢い」を呼び込む、ということではないかと自負している。

また、今、私が最も勢いを感じる国がベトナムだ。

日本企業が東南アジアに進出する動きが盛んになっているが、ASEAN各国を歩いて回った私が、一番おすすめしたいのがベトナムだ。

まず、ベトナムの人々に「勢い」を感じる。歴史的には第二次世界大戦以降だけでも、植民地時代の宗主国フランスを破って独立し、軍事介入してきた米国にも勝ち、さらに隣国の中国にも勝利した。

いずれも国力が数倍上の相手にひるまずに立ち向かった不屈の精神が素晴らしい。今また、南沙諸島問題でも、中国を相手に一歩も引かない強さを見せている。

ベトナムは共産主義国ではあるが、経済的には自由化が進んでおり、自由主義陣営ではないかと思えるくらい、現地の人々とやりとりをしていて違和感がない。

特に、かつてサイゴンと呼ばれた南部の大都市、ホーチミン周辺はすさまじい勢いで経済発展を続けている。

九州で有名な冷凍たこやきメーカー「八ちゃん堂」は、ホーチミン郊外に四〇ヘクタールの農地を買って、ナス農園を展開している。三五〇人の従業員がいるが、日本人はわずかに一人。ベトナム人管理職も登用し、日本の厳しい基準でナスを栽培、現地の工場で一本ずつ焼いたナスを急速冷凍して日本に出荷している。信用できる現地スタッフのおかげで、中国でしばしば問題となる食品衛生上のトラブルの心配は必要ないという。

サッポロビールのベトナム工場も二〇一一年から稼働している。五年もしない間にベトナム有数の人気ブランドに成長し、現地に出向中の日本人ビジネスマンからも「日本と同じ味が飲めるとは！」と好評だが、味以上に好評なのがサッポロガールの存在。ビールの宣伝を担当する女性といえば、セクシーなコスチュームのバドガールが有名だが、あのサッポロ版と考えてもらいたい。ビールのラベルと同様、黒と金の衣装でビールを運んできてくれる。

しかも東南アジアでも美人が多いことで有名なベトナムである。私が酒を飲まないのでわからなかったが、同行者に聞いたら、美人が持ってきてくれるだけでビールがさらに美味しくなったと感激していた。

ベトナムの経営者と接してみて、非常に感心したのが、彼らは決して「仕事がほしい」「仕事の相談に乗ってほしい」と言ってこないことだ。日本の経営者の場合、パーティーなどで私と名刺交換をすると数日後に「実は折り入ってご相談が……」と電話がかかってくることがある。

しかし、ベトナムの経営者からの連絡はない。彼らはベトナムが栄えれば企業も潤うと考えているのか、「環境をよくしたい」「インフラを整えたい」と国全体の展望について雄弁に語るだけで、自分個人の相談事は口にしない。

日本人がどこかでなくしてしまった大切な何かが、ベトナムには残っているようだ。この勢いに乗っていかないのはもったいない。

勢

ポイント

勢いが戦いの行方を決めることがある。
勢いのある人を見極めろ。
インドは勢いがある。
ベトナムは勢いがある。

優れた軍師を探していた劉備（玄徳）は
「三顧の礼」で諸葛亮（孔明）を迎えた。

六、虚実篇

虚

どうすれば主導権を握れるか

人を致して人に致されず

「虚実篇」をもとにインテリジェンスを語りたい。「虚」とは、存在しないこと、ウソの意味である。逆に「実」とは本当のこと、実際にあることを指す。

また、孫子が言う「虚」とは敵がいない場所、対戦相手の「スキ」の意味も含んでいるようだ。虚実篇とは、相手の「虚」を衝いて、「実」の自軍を勝たせるためのマニュアルという解釈もできる。

「およそ先に戦地に処《お》りて敵を待つ者は佚《いっ》し、後れて戦地に処りて戦いに趨《おもむ》く者は労す。故に善く戦う者は、人を致して人に致されず。能く敵人をして自ら至らしむるは、これを利すればなり」

特に「人を致して人に致されず」の部分は、「虚実篇」の中でも最も有名な一説だろう。「相手を巧みに操っても、決して操られることはない」といった意味になるだろう。前後の部分と合わせてわかりやすく意訳してみる。

「敵より先に戦場に到着して迎え撃つようにすれば、余裕を持って戦うことができる。逆に遅れた場合は不利になる。だから戦上手といわれる人は必ず主導権を握って、相手を自分のペースで動かそうとするのである」

では、主導権を握るにはどうすればいいか。

最もやってはならないことは、相手におもねって、自分の考えや立場、原理原則を変えることだ。もし、そのようなことを一度でもしてしまえば、相手はますます自分のことを軽んじるだろうし、要求は大きくなるものだ。

二〇一三年五月、私が単独で北朝鮮を訪問したことを覚えておられるだろうか。現地での私の行動はさまざまに取りざたされたが、実は平壌から離れた後も、習近平中国国家主席に近い人物と水面下でさまざまな協議を続けていた。

当時、日中関係において外務省チャイナスクール、日中議連などが「安倍晋三総理は靖国神社に参拝するな」と要求してきたが、私は「行かないことはあり得ない」と考えていた。

安倍総理は「(第一次安倍内閣の際に)靖国に参拝しなかったことは痛恨の極みだ」と言明しており、参拝は安倍政権の存在意義を象徴するものなのだ。中国政府が要求するならともかく、日本国内からも陰に陽に参拝をしないよう圧力がかかっていたのだ。

中国側は、「参拝の際に、事前通告をしてくれるか」と私に問うた。私は、私個人の判断で、「以下の二つの条件が満たされるなら、事前通告できる」と応じた。

一つは、「情報を共有するのは習近平主席と常務委員の七名だけに限り、もし、参拝が行われても、中国共産党指導部は内政干渉的な発言は控えてほしい」というもの。もう一つは、「反日運動を指導部の力で抑えてほしい」だった。果たして、彼らは私との約束を守った。

一三年一二月二六日、安倍総理は靖国神社を参拝した。これを受けて、中国外交部は抗議したが、指導部は抗議せず、反日デモも起きなかったのだ。

日中両国はお互いのメンツをギリギリのところで保ちつつ、外交関係を発展させることができた。もしも安倍政権が中国におもねっていれば、尖閣諸島の問題をはじめとして今ごろはやりたい放題にされていたことだろう。

現代のビジネスマンにとっても、仕事相手との関係で主導権を握ることは重要だ。最初に優位なポジションを手に入れてしまえば、その後の交渉が楽になる。無理に威張る必要はない。

最初は相手の歓心を買おうと安易に下手に出るのを控えるだけで十分だ。初対面で相手を褒める際は、なめられないように、会話の合間に自分の実力を誇示する具体的なエピソードを挿入していくのがよい。

「私は、営業成績がずっと一位ですが、そんな私から見て御社の社員はコミュニケーション能力が高い」

「私は会社で一〇年以上も採用面接官をやっていますが、あなたのような人にきてほしい」

「大学時代、ラグビーで全国大会に出たこともあり体をずいぶん鍛えたことがありますが、あなたのトレーニングはすごい」

褒めるばかりではバカにされる。自慢ばかりではイヤなヤツ。よって自慢しながら褒めるのである。

戦いの地を知り、戦いの日を知れば、則ち千里にして会戦すべし

「虚実篇」において、私が孫子に共感するポイントは〝戦い〟の場所と時間を知るこ

との大切さを強調している点だ。

「故に戦いの地を知り、戦いの日を知れば、則ち千里にして会戦すべし。戦いの地を知らず、戦いの日を知らざれば、則ち左、右を救う能わず、右、左を救う能わず、前、後を救う能わず、後、前を救う能わず。而《しか》るを況《いわん》や遠きは数十里、近きは数里なるをや。吾を以ってこれを度《はか》るに越人の兵多しと雖も、また奚《なん》ぞ勝敗に益せんや。故に曰く、勝は為すべきなり。敵衆《おお》しと雖も、闘うことなからしむべし」

私はこの一節は、孫子が情報戦略の必要性を説いたものだと考えている。現代語訳してみる。

「戦う場所、開戦の日時をあらかじめ予測できるならば、たとえ、千里先に遠征したとしても、主導権を握って作戦を展開できる。もしも、日時や場所の情報を入手できなければ、右翼に展開する軍が左翼の救援に赴くことは不可能だし、逆もまた然りである。前衛と後衛の協力も難しくなるのだから、遠征先の自軍を支援することなど不可能である。たとえ敵国の越が兵の数で勝っていたとしても、そのまま勝敗に反映するとは考えられない。勝利の条件とは、自らつくり上げるものだ。敵の数が多かったとしても、分断すれば大した戦力ではない」

現代に置き換えてみれば、政府にとって情報機関の整備が急務であり、各国の情勢を正確に認識できれば、日本にとって有利な状況をつくり上げることができる。そして、情報は同盟国との関係をさらに強めて、国際社会での日本の地位を押し上げることにつながる。

たとえば、中国が持つ「(南沙諸島をはじめとする太平洋全域への)領土的野心」「(AIIBなどの)経済覇権への野望」に対抗するために、日本はどう動くべきか考えてみよう。まず、財務省にインテリジェンス機関をつくるべきだというのが以前からの私の持論だ。

アメリカ財務省は六年前に情報機関を設置し、アルカイダやタリバン、北朝鮮に対して資産凍結を行った。ウクライナ問題ではロシア人のアメリカの金融資産を凍結した。資金の流れを把握することは、他国の外交政策がどう動いているかを知る重要な手がかりとなる。さらに、敵対する国や組織の資金源を断つことは、武力行使に事実上大きな制限のある日本にとっては、最大の外交カードになりうる。

日本国内外の金融情報を収集し、分析する専門組織が必要だ。

日本における情報機関の強化は言われているが、多くは防衛や警察に関するものばかりだ。テロリストや他国の侵略を防ぐために、金融インテリジェンスの強化が大切だ。

兵を形するの極は、無形に至る

企業にとっても情報戦略の大切さは言うまでもない。国家の情報機関のような特別なものでなくても、既存の広報部門による地道な活動でも企業の業績を向上させることは可能だ。

あらゆる方法で情報を入手し、状況把握に努めて、柔軟に対応することが大切だ。それができれば勝利に近づくことができる。孫子も言う。

「故にこれを策《はか》りて得失の計を知り、これを作《おこ》して動静の理を知り、これを形して死生の地を知り、これに角《ふ》れて有余不足の処《ところ》を知る。故に兵を形するの極は、無形に至る。無形なれば、則ち深間も窺《うかが》うこと能わず、智者も謀ること能わず、形に因りて勝を衆に錯《お》くも、衆、知ること能わず」

情報を取得する方法や、情報を得ることの優位性が書かれている。

「まず、自軍と敵軍との力の差を把握すること。わかりづらかったら誘いをかけて相手を動かして実力を観察する。相手が動き出したら弱点を探り、強いところと弱いところを分析する。逆に自軍の体制については『無形』として相手に見破られないことが肝心。そもそもはっきりとした形がなければ、スパイも探りようがないし、軍師も作戦の立てようがない。相手の状況に合わせて柔軟に戦い方を変化させる、つまり形の見えない戦い方で相手に向かえば、軍師にもわからないのだから、一般人ではまず対応できないだろう」

企業内でさまざまな情報を扱うことが多い広報部門は成果が数字に表れにくく、経営者によってはその存在意義を軽んじるケースも多い。それは大きな間違いだ。ここでは、優秀な広報組織の実例としてJR東海を挙げたい。

JR東海の広報は、丹念に雑誌・新聞などの出版物を読み込むという地道な作業を疎かにしない。オピニオン誌のような真面目な雑誌から、エロや暴力団のよく登場する雑誌まで、その作業は徹底している。

事実と違う記事を発見すれば、訂正するなり、編集部に連絡を入れる。すべての出版物に目を光らせているとなれば、多くの出版社はJR東海の記事を書く際は、緊張感を強いられるに違いない。結果としてJR東海がメディア対応に悩まされる例は激減する。情報を武器にした戦いで、優位性を確保したと言ってよいだろう。

自社の経営者が週刊誌から非難されて、その経営者がカンカンに怒っているとする。そのとき広報はどういう対応をとるべきだろうか。

一番やってはいけないのは、経営者と一緒になって怒ることだ。広報担当者は一旦冷静になって対処法を考えることだ。勝てる見込みもないのに相手を名誉毀損で訴えた場合、負けてさらに会社がダメージを受けるかもしれない。

であるならば、まず広報が編集部にアポをとり、記事の真意を聞き、誤解があれば説明し、記事が次の号以降には出ないよう火消しに回るのが一番ではないか。

孫子の言う通り「無形」の姿勢で臨み、相手の戦力を判断することが大切だ。編集部が持っている情報が正確であれば、矛先を収めて火消しに徹し、その後のために友好関係を築くきっかけとすればよい。逆に、明らかな誤報であるなら、裁判も辞さない姿勢で攻め込めばよい。

以前、私が大阪市長時代の橋下徹氏を批評したとき、橋下氏本人がカンカンになって反論してきたことがある。しかし、その後私のもとを訪ねてきた大阪市の役人は、橋下氏の主張を穏やかに説明することに努めていて好感を持った。いくら説明されても私が意見を曲げることもないのだが、以後、橋下氏の批評をするときは、その役人の顔が浮かぶようになったのも事実だ。それが本当の広報の戦いというものだろう。

ポイント

情報を入手して主導権を握る。相手の出方を探ることに全力を注ぐ。こちらの真意を悟らせない「無形」の状態が最強である。

『三国志』の呉の軍師、周瑜は
孔明と戦略で競い合った。

七、軍争篇

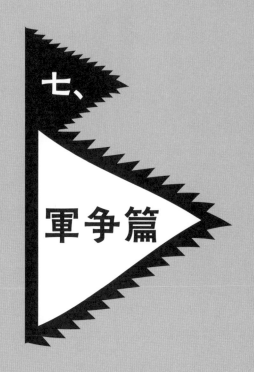

争

スケジュール管理をあなどるな

知り難きこと陰の如く

日本では最もよく知られる一節がおさめられているのが軍争篇である。

武田信玄の旗印として有名な「風林火山」である。

信玄の軍師として知られる山本勘助を主人公にした井上靖のベストセラー小説の題名であったことから広く知られるようになった。小泉元首相が退任された直後のNHK大河ドラマが、この「風林火山」だったせいか、同じ〝軍師〟として比較され、気恥ずかしい思いをしたことも今ではいい思い出である。

その「風林火山」だが、信玄の旗は別名「孫子の四如」と言われているように、「風・林・火・山」のそれぞれにまつわる孫子の言葉が漢文で書かれている。しかし、軍争篇の原典では続いて「陰」と「雷」が出てくる。

「その疾きこと風の如く、
その徐かなること林の如く、
侵掠すること火の如く、
動かざること山の如く、
知り難きこと陰の如く、
動くこと雷霆《らいてい》の如し」

だれもが知っているかとは思うが、念のため現代語訳を載せておこう。

「疾風のように素早く行動したかと思えば、

争

その疾《はや》きこと風の如《ごと》く
その徐《しず》かなること林の如く
侵掠《しんりゃく》すること火の如く
動かざること山の如し
孫子

林のように静まり返る。
火のように激しく攻撃するかと思えば、
山のように動かない。
暗闇に身をひそめていたかと思えば、
雷鳴が轟くように動き出す」

セットで引用するなら「風林火山陰雷」の六文字にした方が孫子は喜んだのかもしれないのに、武田信玄ほどの武将がなぜ、最後の二つを省略したのかと疑問に感じていたところ、近年、信玄は自らの作戦を隠すためにあえて、陰と雷の部分を隠していたことを示す史料が見つかったという。

ここまで読んできた通り、孫子が戦略上重要だと伝えているのは、相手の動きを見抜くことと同時に、自軍の動きを悟られないこと。そして、相手が気づかぬうちに、圧倒的な戦力差をつくり、意表を衝くタイミングで攻撃して勝利することだ。

これを考慮すれば、前半の風林火山以上に、陰雷が孫子の真髄を表しているように思える。武田信玄は、まさに「知り難きこと陰の如く」を実践するため、陰と雷の節を省いたのだろう。旗を「風林火山」で止めた信玄はやはり一流の軍略家だったといえる。

迂を以って直となす

「風林火山」はこれくらいにして、軍争篇のメインテーマは、自軍に有利な状況をつくり出せるような綿密な計画を立て、その作戦通りに兵を動かすことの重要性ではないかと考えている。軍争篇の冒頭には、次のように書かれている。

「およそ兵を用うるの法は、将、命を君に受け、軍を合し衆を聚め、和を交えて舎するに、軍争より難きはなし。軍争の難きは、迂を以って直となし、患を以って利となすにあり」

私の経験も踏まえて、現代語に意訳してみた。

「敵との対決が決まったら、君主の命を受けた将軍が軍を編成し、陣を構えて敵と対峙するという流れになるが、何よりも難しいのは（その間に）どうやって勝利の条件をそろえるかだろう。わざと遠回りすることで目的を達する近道としたり、不利な状況を利用して有利な展開に持ち込んだりするのが作戦立案の醍醐味だ」

回り道を利用して敵の足止めをして、逆に先着することを「迂直の計」というのだそうだが、軍略においては、先の先まで見通して作戦を練ることが必須なのではないかと考えた。

現代に置き換えて「迂直の計」を生かせる場面を考えてみると、緻密なスケジュール管理による作戦立案が思い浮かぶ。

秘書官時代の私の重要な仕事の一つが、総理大臣の日程調整だったが、独自の工夫で、あらゆる事態を乗り越えてきた。

最近の企業の社長や重役の日程などは、秘書のみなさんがインターネット上で情報を共有して調整することが多いと聞いているが、私は自分の机の上でＢ４サイズの手書きのカレンダーを作成していた。

この大きめのサイズの紙に、各省庁から派遣された四人の事務秘書官と五人の参事官、さらに私の一〇人が担当分野の予定や、自分の出身省庁の関連行事などを必ず鉛筆で書き込むことにしていた。宮内庁関連の日程や、野党の党大会などの予定も忘れずに書き込む。多い日には二〇件以上の予定が書き込まれることもあった。こうして書き込まれた項目の先着順や重要度から、私が最終的な日程を判断した上で、最終的なスケジュールを確定、翌週分を決定版としてボールペン書きで清書する。

このカレンダーのいいところは、別々の出身官庁から来ている秘書官や参事官が、未確定であっても数カ月先まで総理大臣の大まかな予定を把握することで、霞が関全体に浸透させ、迅速に動けるようにできたことだ。

多少強引かもしれないが、私なりの「迂直の計」の実践例として誇れるものなのだ。

私がこの日程表を運用する上で気をつけていたのは、鉛筆書きの仮日程については、ある程度柔軟に対応する一方、ボールペン書きの決定版については一切変更を認めないという点だ。

大きな組織のトップの日程が五分ズレると、末端では半日のズレが生じてしまう。たとえば厚生労働省なら、まず大臣の日程を決めると、それに合わせて事務次官の日程が固まり、各局長たちが次官の日程を見て自分の予定を入れ、さらにそれに従って、課長、補佐、係長らの日程が決まっていく。極端にいえば、トップの予定が一分延びると、省全体であらゆる予定が遅れる恐れもあるということだ。一分ならまだいいが、五分、一〇分と延びれば、役所が機能不全に陥ることだって考えられる。

しかし、日本のトップである首相官邸には、日々いろいろなことが起きる。予定通り日程をこなすことなど不可能だと思われる方も多いだろう。

もちろん、そんなときの準備も万全だ。一日に三〇分から一時間程度の空白の時間を取っておくのである。名目上は「飯島秘書官と打ち合わせ」としていた。突発的な面会の必要性が生じたときには、これで対応していた。面会相手を公表したくない場合にも都合がよかったのである。

私自身のスケジュールは「衆議院手帖」にまとめると決めている。昔ながらの黒革のシンプルな手帖で、衆議院の各事務所に配布される以外に、国会周辺の売店などで入手できる。永田町を離れた今でも愛用している。

私が気に入っているのは、日付の横に六曜、つまり「大安」「赤口」「先勝」「友引」「先負」「仏滅」が記されているところだ。皇室や政府の重大な行事は原則として「大安」「友引」を選び、「仏滅」を避けて行われるのが慣例だ。具体的な例を挙げれば、天皇陛下がご臨席される国会の開会日、皇居で認証式が行われる組閣などは「仏滅」には行われない。国政選挙の投票日も「仏滅」は避けたいところだ。逆に言えば、六曜さえおさえておけば、大まかな政治日程の予測は可能ということになる。

同様に企業の新商品発表などでも「大安」を選んで行われることも多いだろう。しかし、各社が好んでその日を選ぶということになれば、大きなイベントが同じ日に集中する。ホテルなど発表会場の予約は急いだ方がいいし、メディア等での自社の扱いが小さくなる恐れもあるため、早めの対策が必要だ。

私は、自分の手帖の六曜を見ながら、政治の動きを推測すると同時に、全国レベルで注目されるような日程はあらかじめ書き込むようにしている。五輪やサッカーW杯など大規模なスポーツイベント、ノーベル賞の発表日、注目度の高い事件の判決日、サミットや国連総会、米国の大統領選挙など国際社会に影響を与えるような日程も要注意だ。こうした日は、日本の新聞やテレビの報道は、そのイベント一色になり、ほかの要素が入り込む余地がなくなるから、何かを仕掛けるのは得策ではないのだ。

ビジネスマンなら、各企業の決算期のほか、会社の設立日、合併した日、創業者の誕生日なども要チェック。自社だけでなく、同業のライバル社なども確認しておくとよい。意外と新製品発表などにこうした記念日を選ぶ企業は多いものだ。知っているのと知らないのでは、こちらの準備が変わってくる。

兵は詐を以って立つ

官邸を離れた後で、民間企業の経営者からいろいろ相談を受ける機会も増えた。ある社長から会いたいという連絡を受けたので、日程を調整しようと先方の会社に電話をかけたところ「四カ月先まで社長の予定が埋まっていて日程がお取りできません」と言われ、非常に驚いたことがある。

高い地位に就くと、スケジュールの空白が怖く感じることがあり、ぎっしりと予定を詰め込む人がいると聞いたことがあるが、それでは突発的な出来事に臨機応変に対応できず、組織全体の活力を奪うことになる。

また、四カ月先まで埋まっているという社長のスケジュールが、事実ではないという可能性も想定してもよいかもしれない。先方の事情が変わって私と会う必要がなくなり、婉曲に面会を取りやめるため、スケジュールを理由にしたとも考えられる。

孫子の時代なら戦争において、現代ならあらゆる交渉事において、自らの目的を達するために、軍略の一環として他人を欺くこともあり得るのだ。

これが「詐」というものである。

「故に兵は詐を以って立ち、利を以って動き、分合を以って変をなすものなり」

現代の価値観とは多少違うかもしれないが、勝つためには重要な要素だ。私なりに解釈すると以下のようになる。

「戦いとは、敵を欺くことである。戦いとは自軍に有利になる方向に物事を動かすことである。戦いとは、兵力を分散したり集中させたりしながら、状況に応じて変化し続けることである」

「兵は詐を以って立ち」とは、第一章「始計篇」の「兵は詭道なり」と同じ意味である。現代のビジネスにおいても、「戦いとはだまし合い」であることを念頭に置いておけば、相手が何を仕掛けてきても対応できるはずである。

スケジュール管理の中で活用できる、かわいいレベルの「詐」の例を紹介しよう。

売り出し中の若手政治家や、独立したばかりの弁護士などは、多少事実と違っても、

「忙しくてスケジュールがぎっしり」とアピールした方が得策だ。

米国の弁護士事務所では「一〇回コールするまで電話に出るな」という申し伝えがあると聞いたことがあるが、あまりに急いで電話に出ると「この事務所はヒマなのか。仕事を頼んで大丈夫か」と依頼人を不安にさせてしまうからだという。

当選回数の少ない若手政治家などでも同じ手が使える。記者からの取材申し込みのときなど、どんなにヒマでも秘書に電話を取らせて「お待ちください。スケジュールを確認します」と言わせて待たせる。

パソコンのキーボードをカタカタ言わせながら「今週から来週は予定がいっぱいで」と一度は断る。若手政治家への取材など、コメントの数をそろえるためで、別の議員でも構わないのだが、「若手なのに予定がいっぱいのすごい人」というイメージをアピールすることで、記者は「ぜひ、先生のお話を聞きたい。何とか時間を取れないでしょうか」と粘ってくるはずだ。

相手が下手に出てきて初めて「それでは何とか調整してみます」と言って、一日くらい置いた後で「明日一〇分だけなら何とかできます」と取材を受ければよい。

気をつけなければならないのは、初めての取材に舞い上がり、一〇分の予定なのに一時間もしゃべってしまい「本当はヒマだ」とバレてしまうことだ。

本当に忙しい人のスケジュールは空白時間を持たせてゆったりとつくり、実際はヒマな人のスケジュールはぎっしりと埋まっているように見せかける。これが日程づくりの法則だ。

ポイント

自分の作戦を相手に知られないことが勝利につながる。何が起きても臨機応変に対応できるスケジュールづくり。「戦いは欺き合い」という基本を忘れない。

孔明の『天下三分の計』にも孫子の教えが反映されているのかもしれない。

八、九変篇

変

おかしな上司の命令には従うべきか

九変の利に通ずれば、兵を用うるを知る

「九変」とは臨機応変の運用の意味だという。刻々と変わる戦場の状況に柔軟な思考を持って対応できることが名将の資格ということだろう。

孫子には次のように書かれている。

「故に将、九変の利に通ずれば、兵を用うるを知る。将、九変の利に通ぜざれば、地形を知ると雖も、地の利を得ること能わず。兵を治めて九変の術を知らざれば、

「五利を知ると雖も、人の用を得ること能わず」

意味はこんな感じだ。

「九変（臨機応変の運用術）に通じている上官だけが、兵卒を使いこなすことができる。九変に通じていなければ、戦場の地形を熟知していたとしてもそれを生かすことはできない。兵卒を率いていても、九変の術を知らなければ、戦いの五原則を知っていても、兵を十分に生かすことはできない」

この五利（戦いの五原則）については、この前段に説明がある。

「塗《みち》に由らざる所あり。
軍に撃たざる所あり。
城に攻めざる所あり。
地に争わざる所あり。

「君命に受けざる所あり」

いつも通り、私なりに現代語訳してみると次のようになる。

「最初の『塗』とは読み仮名の通り『道』のことである。つまり、戦いを行う上で、守るべき五原則とは、『通ってはいけない道、攻撃すべきではない敵、攻めてはいけない城、奪ってはいけない土地、従ってはいけない君命がある』ということを覚えておくべきだろう」

孫子の言う通り、「五利」をおさえた上で、状況に応じて自らの工夫を加えることが、勝利に近づく方法なのだ。

最後の「君命に受けざる所あり」の部分を、現代に置き換えるとどうなるかを例として考えてみたい。

もしも、上司から明らかに会社の利益に反するとわかっている指示を受けてしまったらサラリーマンはどう対応すべきか。真っ向から否定してしまっては、組織の中での自分の立場が微妙になる危険がある。

永田町では秘書の心得として、自らが仕える議員や地元の有力支持者から「私はカラスは白いと思うのだが、君は何色だと思う?」と尋ねられたらどうするか、という話が伝わっている。

過去の本でも何度か紹介したエピソードなのでおなじみの読者もいるかもしれないが、これこそ、孫子の「九変」に通じる例だと思うので、あらためてここに記しておきたい。

この部隊の将は
それがしに
ござります。
将が軍にあるときは
君命たりとも
お受けできないことが
ありまする。

「カラスは白いか?」の問いに対する正解は「はい。真っ白です!」と断言することだ。

しかも、その場しのぎの言葉ではないこと

を証明するために、本当に白いカラスの写真を示してみせるくらいのことをやってもよい。

私は二〇〇六年の小泉元総理の北欧訪問の際、ノルウェーで本当に白いカラスを見たことがある。このときのカラスは体の半分が黒く、ちょうどパンダのような色合いだったが、日本では全身真っ白なカラスが見つかったこともあるそうだ。

もちろん、小泉元首相が「カラスは白いか?」などと私に言ってきたことはない。どちらかといえば、「これは不可能だろう」というような陳情に、秘書としてはどう対応すべきかを、若い後輩たちに伝えるために「白いカラス」の例を挙げていたら、本当に白いカラスを見つけてしまった、というだけの話だ。

どんなに理不尽な指示であったとしても、機転を利かせて応対できれば、上司や顧客との関係を深めることができるのではないか。

一瞬「それは無茶では?」と感じたとしても、小さな工夫や努力で乗り越えようとすることが、孫子の言う「九変の術」なのだと私は考える。

「カラスは白いか?」と問われて、「えっ。黒でしょう」などと言っていては、孫子の教えにある立派な「将」には絶対に近づけない。

今の時代、インターネットで検索すれば簡単に画像は見つかる。さあ、真っ白なカラスを探すところから始めてみよう。

塗に由らざる所あり

孫子の言う「五利」は基本なのである。応用力が試されているのが「九変の術」といえるかもしれない。現代の日本でのビジネスにおいては、あえて「五利」を外すことで勝機が見えてくることもある。

マクドナルドの凋落を見るまでもなく、かつて「低価格」を売りに勝負していた飲食大手が不振にあえいでいる。デフレ時代は、とりあえず価格を安く設定していればそれで客は喜んだのかもしれないが、アベノミクスによるデフレ脱却の兆しが見え始めてから、客の好みは多様化した。そうしたニーズにどう応えるか、という視点が欠けていては生き残れない世の中になっているのだ。

場所は不便、サービスも微妙なのに客が喜んで押し寄せる不思議な信州そば店がある。

私の地元、長野県駒ケ根市にあるこのそば店は、一部のそばマニアにはよく知られた名店なのだが、人よりはタヌキやイノシシの方が多いような交通が不便な場所にある。常識的に考えれば「塗に由らざる所」である。

東京から駒ケ根まで車を飛ばして約四時間。高速道路を降りてから山道を延々と一時間ほど走る。途中の道筋に店の看板など一切出ていないため、道順を知っている人が同行していなければまずたどり着けない。何とか到着できても古い茅葺きの民家が、そば畑の真ん中にひっそりと建っているだけで、ここが目的地なのか悩むような雰囲気が漂う。しかし、なぜか店の前の駐車場には高級車がズラリと並んでいて、ここが目指すそば店だとようやく気づくことができるのだ。

この店では、客の注文を聞いて店主がそばを打ち始めるから、店に着いてからそば

変

を食べられるまで少なくとも四〇分はかかる。そして、出てくる量はごく少量だ。私にはどうしても物足りないのだが、東京から連れてきた知人はみんな「こんなに美味しいそばは食べたことがない」と感動する。

さらにこのそば店は、たいてい午後二時ごろにはその日仕込んだ材料がなくなるため閉店してしまう。どんなに客が待っていても、その日の朝に仕込んだ材料がなくなれば即閉店。予約していても、そばが足りなくなったら問答無用で閉店なのだ。「東京から五時間かかったんです」と泣きついても、店主が追加でそばを打つことはない。

一般的にはこんな対応をしたら客は激怒して「二度と来るか」というところだが、この店の場合は「今度来たときは絶対に食べたい。次は二時間ほど早く出発しよう」と思わせる何かがある。一種の魔法にかけられたようなものである。

この魔法は、山道を走っている時間、そばを打つ音を聞きながら待っている時間、これらの長い時間の後で、お目当てのそばが出てきたときの「感動」によるものではないかと思う。テーマパークの人気アトラクションでは行列が長いほどワクワク感が高まるのに似ている。移動時間、待ち時間も、このそば店が提供するエンターテインメントなのではないか。客の心を動かすのは、味や価格だけではないのである。

同じようなことは銀座のクラブでも起きている。長い期間売り上げナンバーワンを維持している女性が、ミスコンテストで優勝した経験があるような美貌の持ち主という話はあまり聞かない。どちらかといえば、ルックスでいえば十人並みの容姿の女性が「当店のナンバーワン」と紹介されて驚いた経験を持つ人は多いのではないか。

彼女たちが何を武器にナンバーワンの地位を維持しているのかといえば、客のニーズに応える努力である。客は自分の話（主に自慢話）を聞いてもらうために店に行く。だからナンバーワンの女性たちは毎日、複数の新聞を読みこなし、プレジデントをはじめとする経済誌も熟読して、客の話を理解する知識を身につけ、最高の聞き上手になっているのだ。

人が心を動かすポイントをつかみ、何にお金を出すのか。それを知るための柔軟な思考を身につけることが、現代の「九変の術」であると私は考える。

変

将に五危あり

九変篇は、現代の「将」ともいえる経営者にとって有効なアドバイスに満ちている。最後のまとめとしてリーダーが陥りやすい五つの危険が紹介されている。現代のリーダーたちにも、この言葉を送ろう。

「故に将に五危あり。
必死は殺さるべきなり、
必生は虜にさるべきなり、
忿速《ふんそく》は侮らるべきなり、
廉潔は辱むらるべきなり、
愛民は煩さるべきなり」

飯島流の現代語訳は以下の通りである。

「リーダーは五つの危機にさらされている。

必死になりすぎては本当に死んでしまう。

生き残ることばかりを優先しては勝ち残れず捕虜にされるのが落ち。

短気で怒りっぽいと、敵の術中にはまる。

清廉潔白なだけでも、敵にいいようにされてしまう。

民衆（部下）への思いやりを持ちすぎても、心配事が増えるだけで、冷静な決断を下せなくなる」

結局「いい人」なだけではいいリーダーには決してなれないのだ。ただの「いい人」を超えるために必要なのが「九変の術」ということだろうか。

変

ポイント

・理不尽な上司の指示を逆手にとって自分を売り込む。
・常識にとらわれない柔軟な思考が成功へと導く。
・「いい人」で終わらない。

さらに船と船は鎖をもって固くこれをつなぎ環《わ》をもって連らね交互に渡り橋をかけその上を自由に往来させるのです
こうすれば平地にいるがごとく兵は歩くことができまた風雨の日も船の揺れは小さく気楽に任務につけますこうして苦痛を取り除いてやることが病気を治します

「赤壁の戦い」で曹操が採用して敗戦を招いた「連環の計」は「孫子」ではなく「兵法三十六計」。

九、行軍篇

行

効率的な移動で差をつける

半ば済らしめてこれを撃つは利なり

文字通り、行軍についてまとめた章である。地形によって軍の進め方を変えることや、特に通行困難な場所についての注意、伏兵や奇襲の恐れがある場所などについて具体的に書かれているほか、兵士の病気や行軍中の食事に至るまで細かく配慮すべき点が指摘されている。敵軍の進行状況から相手の狙いを読み取り、軍使の口上から相手の状況を探る方法まで説明されていることにも感心させられた。

「およそ軍を処《お》き敵を相《み》るに、山を絶《こ》ゆれば谷に依り、生を視て高きに処り、降きに戦いて登ることなかれ。これ山に処るの軍なり。水を絶《わた》れば必ず水に遠ざかり、客、水を絶りて来たらば、これを水の内に迎うるなく、半ば済《わた》らしめてこれを撃つは利なり」

「行軍篇」の冒頭部分である。

「山で戦うのなら、谷沿いに進んで視界の開けた高い場所に陣を張るべし。水辺で戦う場合には、川を渡ったら速やかに岸から離れるのがよい。敵が川を渡ろうとしても水中で迎え撃つのではなく、半数くらいが渡り終えたところで攻撃を仕掛けると効

ご覧ください。この溪谷は道が狭く、両側は険しい斜面です。伏兵するのに絶好の場所です。

果的」

といった内容になる。この後は湿地帯で戦う場合や、平地で戦う場合の注意が詳しく記されている。

軍ではないが、私も総理大臣の車列を移動させるときには非常に気を配ったことを思い出した。

さすがに山道や川に入るような移動ルートはあり得ないが、現代の日本でも総理の車列を阻む〝障害〟はそれなりに考えられるものだ。渋滞や交通事故、最悪の場合にはテロの危険性にも備えなければならない。

よく知られているように、総理大臣のオフィスである官邸と国会議事堂は交差点のはす向かいにある。直線距離では数十メートルしかない。それでも総理大臣が車列を仕立てて移動するのは不測の事態に備えてのことだ。

車列の先頭を走るのは先導のパトカー。その後にＳＰの警護車が続く。総理車を挟んで、もう一台の警護車がしんがりとなる。後ろの警護車は、二車線以上ある道路や高速道路では、隣の車線を走り、一般車が近づかないように気を配りながら、車列を守る。

永田町を離れての出張の場合は、同行する大臣や官房副長官の車、当番以外の秘書官の車が入ることもある。また、車列の最後尾には番記者の車が追加される。

この車列本体に先立ち、SP車が先行して目的地の安全確認を行うことも決まりとなっていた。総理が安全に乗降できる場所、車列の駐車スペースなど、目的地の受け入れ態勢が整っていなければ、担当秘書官はクレーム地獄に落とされる。

総理大臣の公務に支障を来さないため、移動ルートの信号をすべて「青」にすることもある。通常は官邸側からそういう指示を出すことはないのだが、偶然にも「青」が続くケースがあり、我々は「警察の手品」と呼んでいた。

小泉元首相は国民生活に迷惑をかけないようにと、できるだけこの「手品」を使わせないようにしていた。ただし、外遊に出かける際だけは、歴代官邸に外交交渉が「ストップ」しないようにと、げんを担ぐ伝統があり、車列が止まらないような工夫がされていた。

海外でも要人の移動の際には、一般車両を規制して車列を動かすのだが、規制の仕方にお国柄が表れる。

二〇〇一年に訪問したイギリスとフランスの違いは特に際立っていた。

イギリスは車列に三台の白バイがつき、前後を尺取虫のように移動しながら、車列が通過する交差点に先回りして通行する間だけ一般車両を止め、通り過ぎた後には速やかに規制を解除するというスマートな方法がとられていた。

一方のフランスでは小泉元首相の車列がフランス大統領府のエリゼ宮に向かっているときに渋滞に巻き込まれた。

信号にひっかかったときだけ、車列に入っていた現地の警察車両が出てきて総理車を進める、という形をとっていたのだが、総理車が赤信号の交差点を超えたところで信号が変わり、一般車が車列に入り込み官房副長官車と秘書官車が離れてしまった。

その後、現地の警察車ともはぐれたため、渋滞に巻き込まれてエリゼ宮への到着は大幅に遅れた。しかも、総理車到着後にエリゼ宮の門が閉ざされてしまったため、元首相に合流するまでにはさらに時間がかかってしまったのである。

横断しようとしていた道路を川に見立てれば、この章の冒頭で紹介した、「半ば済らしめてこれを撃つは利なり」の通りの攻撃を受けたような形になってしまったのだ。

あれ以来、私は車列の運行にはさらに気を使うようになった。

ちなみに、このとき一緒に渋滞に巻き込まれた官房副長官が現在の安倍首相である。

あのころから、移動手段が政治や経済に与える影響というものを考えるようになり、ある野望を抱くようになった。

それはシベリア鉄道を北海道まで延伸させるプランだ。

今、日本の産業製品を欧州に輸出しようとしたら、大型コンテナを積んだ船便を利用するのが一般的だが、日本からスペインまで最低二二日はかかる。地球温暖化の影響で北極海航路の実用化も進んでいるらしいが、二〇日程度はかかるそうだ。

もしも、ＥＵ圏の鉄道とも直結しているシベリア鉄道が北海道でＪＲとつながれば、日本の製品をたった四日間でスペインの先端まで届けることができるようになるのである。日本の物流だけでなく、世界の経済システムを根本から変えてしまうようなインパクトがあるはずだ。

私はひそかに「イイジマプラン」と名付けて、個人的なネットワークを使い実現を目指してきた。プーチン大統領にもこのプランは届いているはずだ。最狭部が約７㎞で最浅部でも約８ｍの間宮海峡の方は問題が少ないとして、後は宗谷海峡を越えて稚内までの約九〇キロ程度の工事をどうするかだが、日本の土木工事の技術があれば乗り越えられない壁ではない。実現に向けての大きな課題は、費用と両国政府の了解だと考えている。

ウクライナの内戦への対応、シリアなど中東の諸問題への対応で、国際社会の中でロシアとの関係をどう考えるかは非常に難しくなっているのだが、私の残された人生の中で、何とか成し遂げたいものだと思っている。

兵は多きを益とするに非ざるなり

移動手段に関しては、大きな刺激を受けた「行軍篇」だが、さすがに、「伝染病が発生する可能性が低いから陣地は高地に築くべし」「草むらには仕掛けがあるから注意せよ」「鳥が飛び立ったら伏兵がいるから注意せよ」など、あまりに具体的な内容は、現代の教訓としづらい。

ただ、後半に出てくる優秀なリーダーに求められる条件は、二五〇〇年の間、それほど変化がないのが面白いと感じた。終盤に出てくる兵士と上官との関係の部分など、現代社会を生き抜く上ですぐに使えるコツとして参考になりそうだ。散発的に登場する、無能なリーダーの例を紹介したい。

「軍擾《みだ》るるは、将重からざるなり」

「諄諄翕翕《じゅんじゅんきゅうきゅう》として徐《おもむろ》に人と言うは、衆を失うなり」

「先に暴にして後にその衆を畏《おそ》るるは、不精の至りなり」

「軍の規律が乱れているのは、将が無能だからである」
「部下に対して、自信がなさそうに媚びるように話しかけるのはすでに部下からの信頼を失っているからである」
「怒鳴り散らして当たった後で、急に部下の離反を気遣うようになるのは、自らの間違いを認めたようなものである」

どんな会社にもこういう使えない管理職の一人や二人は必ずいるものである。場合によっては、もっと多いかもしれない。その中でも最悪といえるのが、人数をそろえれば何とかなると考えているような無能なリーダーだろう。

「兵は多きを益とするに非ざるなり。ただ武進することなく、以って力を併わせ

て敵を料《はか》るに足らば、人を取らんのみ。それただ慮《おもんぱか》りなくして敵を易《あなど》る者は、必ず人に擒《とりこ》にせらる。

卒、いまだ親附せざるに而もこれを罰すれば、則ち服せず。服せざれば則ち用い難きなり。卒すでに親附せるに而も罰行なわれざれば、則ち用うべからざるなり」

いつも通り、私なりに現代語にしてみる。

「兵士の数をそろえたからといって、それで勝てるわけではない。武力に任せて突き進むことは避け、敵の状況を調べた上で、的確に戦力を集中してこそ勝てるのである。逆に敵をあなどり、数を頼みにして戦いの準備を怠るようなことがあれば、負けてしまうだろう。

兵（部下と置き換えてもいい）の信頼を得ていないのに、罰則ばかりつくって縛るようなことをすれば、決して信頼されることはない。信頼関係を築けていない相手を使いこなすことは困難だ。逆にある程度信頼関係が築けた後で、部下が何らかの失敗をしたときに罰則を与えられないような上司もよくない。こうした関係では人を使いこなせない」

上官（上司）と兵士（部下）の関係には、規律と温情のバランスが必要なのだと孫子は説いている。

かつて「数は力」と言って、日本の政界に多大な影響力を及ぼした自民党の派閥があった。田中角栄元首相や竹下登元首相は、規律と温情を絶妙なバランスで保ちながら〝兵〟の数を増やして、当時の勢力争いで勝利を得ていたのだと思う。

しかし、その後を継いだ小沢一郎氏は「数は力」という点にしか目が行かなかったのではないか。兵を生かすことをまったく考えず、数をそろえることだけに注力した結果、新進党や民主党など日本の政治史に残るようなひどい政党を生み出してしまったと思う。

ポイント

効率的な移動はライバルに差をつけるチャンス。
総理大臣の車列移動から学べることはあるか。
「数は力」になるが、それだけでは勝てないこともある。

孫子の指摘どおり、行軍が戦略上重要であることを示す場面が『三国志』にも出てくる。

十、地形篇

地

地の利の生かし方

それ地形は兵の助けなり

前章の「行軍篇」に続き、この「地形篇」も具体的なアドバイスが書かれている。地形ごとのおすすめの戦い方が出ているのだが、大切なことは、自軍が置かれた地形についてよく理解することだという。

孫子が語った地形は、戦場に適しているかどうかという視点だが、地の利を知るということは、現在、安倍政権が進める「地方創生」にも通じているように思う。

「それ地形は兵の助けなり。敵を料りて勝ちを制し、険阨《けんあい》遠近を計るは、上将の道なり。これを知りて戦いを用うる者は必ず勝ち、これを知らずして戦いを用うる者は必ず敗る」

「地形は戦いにおいて、有利な条件をつくり出す助けとなりうる。敵の動きを察知するのと同時に、地形の特徴をつかんだ上で臨めば必ず勝ち、知らなければ必ず負けるのである」

「地方創生」が安倍内閣の重要なテーマとなる中で、私は、ユニークな取り組みを行っている地方自治体の事例を探すようになった。

ここでは、かつては地形上の弱点と考えられていた「離島」という条件を、魅力として評価し直して大胆な改革を実施、ビジネス的にも成功を収め少子化対策にも活路を見出した島根県・海士町を紹介したい。

島根県の沖合いの隠岐群島にある小さな島がそのまま自治体の単位となっていること

の町には、コンビニエンスストアもない。「ないものはない」が町のキャッチフレーズになっているほどだ。これだけ不便な島が、若者を中心に活気にあふれていると言ったら驚かれるだろうか。

改革のきっかけは、小泉内閣による「三位一体改革」で地方交付税が激減し、財政再建団体転落目前に追い込まれたことだった。そこで、〇二年に初当選した山内道雄町長を中心に、徹底した行財政改革を行った上で、島（町）全体のブランド化に取り組んだ。

島内の産業を活性化させて雇用を創出した上で、定住促進策を展開して若者を呼び込む。その結果、島内の活性化が進むという好循環を生み出すことに成功した。もちろん「ないものはない」過疎地なので、ブランド化に当たっても外部コンサルに委託する予算もなく、町民と職員と島内企業が頭を使い、汗を流してプランをつくり上げたという。

成功の足がかりは、島の豊富な海の幸。古代の朝廷に食材を納めた地域を

「御食国《みけつくに》」というが、奈良県の平城京跡から海士町の「干しあわび」が献上されていたことを示す木簡が発掘されている。

しかし、海産物にも鮮度が重視されるような現代では、交通が不便な離島であることが大きなハンディキャップとなっていた。

そこで町は、魚介の細胞組織を壊すことなく凍結させ、長期間にわたって鮮度を保持できる新技術CASシステムを導入。小さな町の予算を圧迫する投資だったが、これによって島から遠く離れた東京や大阪などの大都市圏への販路を開拓することが可能になった。

その後はヒット商品を連発。「島じゃ常識　さざえカレー」「島生まれ、島育ち、隠岐牛」「いわがき『春香』」など。島以外では食べられなかったものが、CASシステムを使うことで、全国向けの付加価値の高い商品に生まれ変わった。

現在では、上海やドバイにも海産物を輸出。TPPが発効したら、さらに輸出額が増えると期待されている。

山の幸の発掘にも取り組んだ。今では人気のブランド牛となった隠岐牛は小泉内閣時代に始めた特区制度がなければできなかったと聞いた。隠岐地方には「牛突き」と呼ばれる伝統的な闘牛が残り、古くから牛の生産も行われていたが、これもまた離島のハンディキャップがあり、出荷数はなかなか伸びずにいたという。

小泉内閣発足後、地方の公共事業が大幅に縮小された影響を受けて経営不振に陥った島内の建設会社が新業態を模索する中で、隠岐牛の生産を始めたそうだ。農地の使用制限の規制で牧草の栽培や放牧地の確保が困難だったところ、特区制度を活用することで畑違いの建設会社が畜産へ参入することが認められたのだ。

海士町が危機に目覚めて立ち上がったのも、新しいビジネスを後押ししたのも小泉内閣の政策であったことには感慨深いものがある。

こうしてビジネス面で新規事業を開拓したところで、海士町が次に乗り出したのが人口増に向けた対策。隠岐島前高校は、この島唯一の県立高校だが、一九八九（平成元）年に二四二人いた生徒は、過疎化の影響で〇八年には八八人にまで減少。県の高校統廃合の基準である「入学者数二一人」も目前に迫ってきた。

他の地域の離島でも同様だが、高校がなくなり中学卒業時に子供たちが島外に進学すると、島外でそのまま就職したり、家族が一緒に島を出たりして、島の人口流出は加速してしまう。

海士町は、高校を維持するために「島前高校魅力化プロジェクト」を立ち上げ、島外の子供を〝留学生〟として積極的に受け入れ、一三年には生徒数は一四〇人にまで回復。今では、島外からの生徒枠二四人に対し、定員の倍の約五〇人から応募がある。過疎地での大成功に倣おうと全国から視察が殺到し、年間一〇〇〇人以上になった。視察した自治体が海士町以上の成果を出せるかは疑問だが、幅広く視察を受け入れることで、「若者にとって魅力的な島がある」ことが全国に広まっている。

地域がそれぞれ危機を認識し、住民と行政が生き残るために必要なことは何かを考え、地域のリソースを生かして、だれにもまねできないことを実行する。

これこそ、孫子の言う「それ地形は兵の助けなり」の実践だと思う。

これは企業においても同じだ。今始めなければ乗り遅れると強く訴えておきたい。

天の災いに非ず、将の過ちなり

一方で、「地形篇」において、私が気になったのは、地形に関係なく「こういう組織が敗北する」という例が細かく記されていたことだ。孫子の原典には「地形は兵の助けなり」よりも前に登場する。やはり、前に進むには敗因を分析することも大切ということだろうか。

「故に兵には、走なる者あり、弛なる者あり、陥なる者あり、崩なる者あり、乱なる者あり、北なる者あり。およそこの六者は、天の災いに非ず、将の過ちなり」

「自軍を敗北に導くものとして、走、弛、陥、崩、乱、北、の六つの条件が考えられる。これらはいずれも天災ではなく、将の過失が巻き起こす災難である」

走、弛、陥、崩、乱、北それぞれの状況についても詳しく説明されている。私なりに現代語にしてみたので、あわせて読んでもらいたい。


「それ勢い均しきとき、一を以って十を撃つを走と曰う。

卒強くして吏弱きを弛《し》と曰う。

吏強くして卒弱きを陥と曰う。

大吏怒りて服さず、敵に遇えば懟《うら》みて自ら戦い、将はその能を知らざるを崩と曰う。

将弱くして厳ならず、教道も明かならずして、吏卒常なく、兵を陳《つら》ぬること縦横なるを乱と曰う。

将、敵を料ること能わず、少を以って衆に合い、弱を以って強を撃ち、兵に選鋒なきを北と曰う。

およそこの六者は敗の道なり。将の至任にして、察せざるべからず」

地

「走とは一の力で十の敵と戦う羽目になる場合。

弛とは兵が強くても、軍の幹部が弱い場合。

陥とは軍の幹部が強くても、兵卒が弱い場合。

崩とは軍の幹部同士の折り合いが悪く、一部の幹部が不平を抱いて命令に従わず、勝手に戦いを始めてしまうような場合。また将も幹部の能力を認めていない場合。文字通り組織として崩れている場合。

乱とは将が惰弱で厳しさに欠け、軍令も徹底されず、士官の統制も乱れ、兵の配置もでたらめになっている場合。

北とは将が敵情を把握できず、兵力が劣勢なまま強大な敵と戦わなければならない場合。

この六つが敗北を招く原因である。いずれもリーダーの責任であることを肝に銘じるべきである」

この「敗北の六つの道理」を読んで、私は、これらのほぼすべてを満たして、当然のように敗れ去ったある組織を思い出した。本音を言えば二度と思い出したくはないが、民主党政権の悪夢のような三年間である。

ダメな組織を知ることは、過ちを繰り返さないためにも必要なので、いま一度、振り返っておきたい。

二〇一一年三月一一日、午後二時四六分、東日本大震災が発生した。

時の総理大臣は菅直人氏だった。

震災関連死も含めて約二万人の方が亡くなった、一〇〇〇年に一度といわれる大震災は、史上まれにみる無能な政権が打ち出すさまざまな対策によって被害が拡大した。

菅直人氏という無能な総理大臣が引き起こしたさまざまな災厄は、地形篇にある孫子の「敗北の原則」に当てはめると、「弛」「崩」「乱」「北」といったところだろうか。

卒強くして吏弱きを弛と曰う

まず、組織の幹部が弱いという「弛」に当たる部分。民主党の「卒」も強くないのだがこれは後述する。ここでは、リーダーがとりわけ無能であるため、まず「弛」の側面について説明しよう。

震災直後、菅氏はひたすら無意味なパフォーマンスに走った。最悪だったのが、震災翌日の福島第一原発視察である。

ちょうど、一号機、三号機の問題が判明した後で、現場は対応に追われていたが、突然の視察により責任者が応対しなければならなくなったのである。同日午後、一号機で水素爆発が起きた後の対応もお粗末だった。周辺住民への迅速な避難指示のための情報提供も怠り、自らのパフォーマンスを優先。一時間遅らせた記者会見での第一声が「私は、本日、午前六時に自衛隊のヘリコプターで現地を視察しました」というものだった。その後、記者からの質問に答えることなく、具体的な説明は当時の枝野幸男官房長官に任せて逃げてしまった。

原子炉への海水注入を遅らせたこと、首相の執務室から離れようとせず危機管理センターを活用しなかったため、住民の避難には有効な情報となったはずのSPEEDIのデータが活用されなかったことなど、菅氏の罪は万死に値する。

その後も東電本社に押しかけて怒鳴り散らし、対応に励む同社の担当者らのモチベーションを著しく奪ったこともある。

前章で、部下に怒鳴り散らした後で、離反を恐れて機嫌をとる上司を無能なリーダーとして紹介したが、菅氏の場合は、怒鳴りっぱなしである。最悪である。

菅氏の行動と事故による福島第一原発事故の被害拡大の因果関係については、二〇一二年六月「国会事故調査委員会」が、菅氏をはじめとする政府の初動対応について「責任回避に主眼が置かれ、住民の健康と安全は顧みられなかった」と認定した。調査委の報告書は、菅氏の介入が現場の混乱を招いたと厳しく非難している。

将弱くして厳ならず、教道も明かならず

次に「崩」と「乱」である。トップがこんな状態だから当然なのだが、民主党政権時代はまったく組織の統制がとれていなかった。特に震災対応に当たっていた当時は本当にひどかった。

前述の通り、福島第一原発事故への対応などを激しく非難されるようになった菅氏は震災後一カ月のころから引きこもり状態になり、国民の前に姿を現さなくなった。しかし、その代わりに似たような対策本部や会議を次々に立ち上げた。似たような名前の組織が、好き勝手なことをいうものだから、話が進むわけがない。大臣の仕事や首相補佐官もどさくさ紛れに増やした。

防災担当大臣がいるのに、〝仕分け〟のための大臣だった蓮舫氏に「節電啓発担当」の補職事例を出したり、ボランティア担当として辻元清美氏を首相補佐官に任命したりした。問責決議の可決後に辞任していた元官房長官の仙谷由人氏を副長官として呼

び戻したほか、原子力の専門家を中心に一五人もの内閣参与を任命した。「船頭多くして船山に上る」の言葉通り、事態の改善は見られず、官邸の混乱を深めただけだったのだ。そんな菅直人氏が今でも国会議員のバッジを付けているという事実に私は衝撃を隠せない。

ムダな組織を増やして事態を混乱させるというのは、何も震災対応に限った話ではなかった。民主党政権樹立を後押しした「行政改革」においても、民主党がもたらした「崩」と「乱」が、改革を遅らせた。

「役所はムダばかり」とよく報じられているが、実は、日本の公務員の数は、人口比でいえば先進国の中では最も少ないのだ。「行政管理庁」（現総務省行政管理局）が公務員の定数を厳しく管理した結果、この二〇年、公務員の数は増えていない。それでも民主党政権は「公務員組織には無駄が多い」と「行政刷新会議」をつくって〝仕分け〟に取り組んだ。

まず、行政刷新会議事務局ができた。次に公益法人改革をやるといって、公益法人行政担当室をつくった。その後、公共サービス改革担当事務局、規制・制度改革担当事務局、国家公務員制度改革推進本部事務局と次々に増えていった。これらの組織を束ねる「行政改革実行本部事務局」もできた。野田佳彦首相の下で岡田克也副首相が就任して「行政改革に関する懇談会」ができた。

民主党政権が誕生してから新しくできた行政改革に関する会議は三つ、事務局組織は五つあるらしい。らしいというのは、きちんと法律の下に設置されたのは国家公務員制度改革推進本部事務局だけで、後は閣議決定だけで設置されたもの。法的根拠や権限がない会議や事務局が政府内に増殖したのである。

民間企業に勤めている方でも実感として理解できると思うが、新たに会議をつくれば仕事が進むということはない。どちらかというと仕事が遅れる。既存の組織を強化して問題に対処した方がよほど解決の近道になるのに、民主党政権では「行政改革」の名の下に行政組織が膨れ上がるという奇妙な現象が頻発した。

公務員定数を変えることはできないから、「行革」の新しい事務局が発足すると各省から既存の人員を回すことになる。これらの事務局に駆り出されたのはざっと二〇〇人。その人数分の仕事を省に残った人間が負担することになり、各省の業務に支障が出た。

民間からも登用した。この人たちは「定員外」だから、別途給与を支払う「臨時雇用」で、人件費が別に発生する。財政に負担を強いたのである。

兵を知る者は、動いて迷わず、挙げて窮せず

民主党が最悪だったのは政府だけではなく、党内でも似たようなことが起きていた。通常の組織であれば議論を尽くして結論を出すが、民主党の場合は結論を出した後で議論が始まるので、結論を受け入れられない人がいつまでもダダをこねる。

いつまでたっても何も決まらない。決まらない方がまだましで、たまに結論が出ると、それを気に入らない人が組織を飛び出す。離党者は政権交代後一〇〇人を超えた。

離党者が流れた先が「維新の党」だから、大阪系と泥沼の争いになるのも当然とい

えば当然なのだ。「民進党」に衣替えしたところで本質は何も変わらないだろう。

組織を維持しようという気持ちが弱い議員がそろっているという意味では、兵卒が弱いという「陥」に当たるかもしれない。

今回は、東日本大震災以降の例を挙げたが、それ以前の鳩山由紀夫首相時代も悲惨だった。あまりに酷すぎて、孫子が想定した敗北の要因の枠に入りきらない。

民主党が政権を離れてからそれなりの年月が経過した。のど元過ぎれば～というように、最近の政治ニュースは安倍政権批判一色になってきている。

しかし、今無責任に政権を批判している人たちが政権を担う実力があるのかを冷静に見極める必要があるのではないだろうか。

ダメ政治家を見極めるのに「走」「弛」「陥」「崩」「乱」「北」の六文字を思い出してほしい。

酷い政治家の見分け方ばかりだと悲しくなる。もちろん、孫子はいいリーダーの条件も示している。

「兵を知る者は、動いて迷わず、挙げて窮せず。故に曰く、彼を知り己を知れば、勝、すなわち殆うからず。天を知り地を知れば、勝、すなわち窮まらず」

「素晴らしいリーダーは、行動を起こしてからも迷うことはなく、戦いが始まってから窮地に陥ることはない。相手と自分の力量を把握し、天の時、地の利を得て戦えば、勝利は確実ということだ」

こういうリーダーの下で働きたいものだ。

地

ポイント

天の時、地の利を知って、地方創生で勝ち残る。ダメなリーダーを見極めて災いから逃れる。

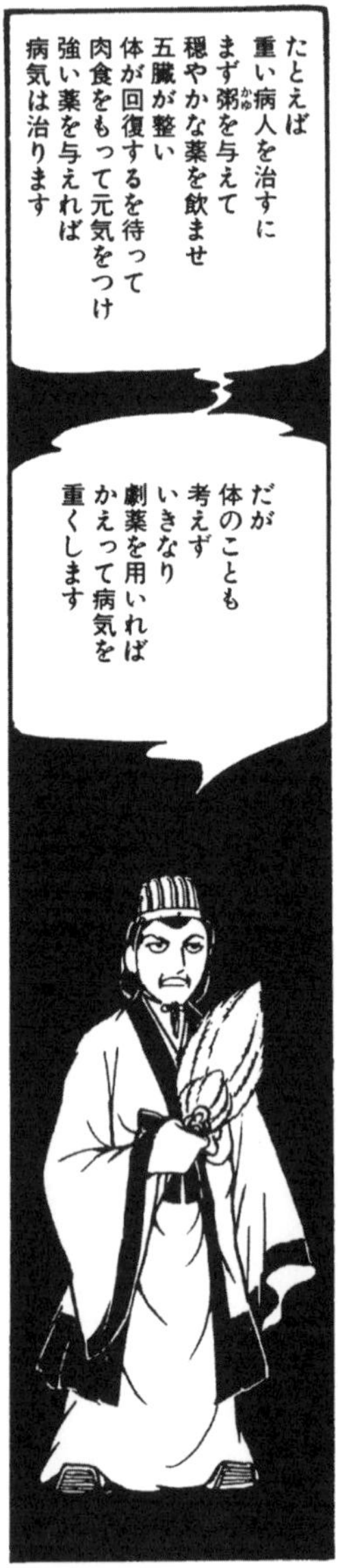
たとえば重い病人を治すにまず粥《かゆ》を与えて穏やかな薬を飲ませ五臓が整い体が回復するを待って肉食をもって元気をつけ強い薬を与えれば病気は治ります
だが体のことも考えずいきなり劇薬を用いればかえって病気を重くします

十一、九地篇

九

戦う以外に生きのびる道がない

死地には則ち戦う

さて「九地篇」である。

他人の気持ちを操って「死地」に送り込み、死にもの狂いで戦わせるテクニックが書かれている章だ。敵も味方も巻き込んだ、命をかけただまし合いである。

そもそも「死地」とは何か。

孫子は戦場となる場所について、母国との位置関係、地域の性格、戦後の価値などから「散地」「軽地」「争地」「交地」「衢地」「重地」「圮地」「囲地」「死地」の九つに分類した。そしてそれぞれの場所に合わせた戦い方、勝ち方についてアドバイスを送っている。これが「九地篇」の題名の由来となっているのだが、問題なのが「死地」である。

「疾《と》く戦えば則ち存し、疾く戦わざれば則ち亡ぶものを死地となす」

「死地には則ち戦う」

孫子によれば、死地とは戦わなければ生き残れない場所だという。「死地則戦」という四文字には迫力がある。

「すぐに戦えば生き残る可能性があるが、今すぐ戦わなければ滅びるような状況を死地という」

「死地ではとにかく戦うしかない」

孫子ほどの軍略家にして「とりあえず戦っておけ！」と命じるしかないほど追い詰

められた状態ということか。
これまでの各篇と同様に、孫子の基本は「戦わずして勝つ」ことである。しかし、どうしても戦わなければならなくなった場合、兵士の犠牲もいとわない、手段を選ばず非情な戦いを行う覚悟も必要なのだろう。

「これを犯すに利を以ってし、告ぐるに害を以ってすることなかれ。これを亡地に投じて然る後に存し、これを死地に陥れて然る後に生く。それ衆は害に陥れて、然る後に能く勝敗をなす」

これが国を守る軍師の覚悟というものだろうか。
「兵士に任務を伝える際には、有利なことだけ言って、危険を伴うことは知らせない方がいい。そして『死地』に送り込み、戦わせてこそ、生きる道が開けるのである。兵士というものは危険な状態に追い込まれて初めて死にもの狂いで戦うものだからだ」

九

二〇〇五年の小泉首相の郵政解散で、民営化反対の造反の選挙区に著名な候補者をぶつけて刺客戦法と言われたが、慣れ親しんだ選挙区から離れて敵地に乗り込ませたのだから、ある意味では「死地」に送るのに等しかったのかもしれない。

もちろん、孫子の時代とは違ってリスクはきちんと伝えたが、兵庫から東京に移った小池百合子氏など、あの「死地」を生き延びて、政治家として大きく飛躍したのではないかと思う。

「九地篇」では、ほかにも「兵士を敵の領内に送り込んだら、梯子を外すように退路を断つべし」とか、「船を焼き、釜を壊して、兵士に生存をあきらめさせろ」とか、「兵士に隊の目的地を知らせるな」などの記述がある。全軍を絶体絶命の境地に追い込んで必死に戦わせるための非情な判断もリーダーの仕事なのだ。

一理あるとは思う。そうでなければ軍というものは動かない面もあるだろう。しかし、現代のリーダーがこんなことを考えているとメディアに漏れたときにはどんな騒ぎになるか。それこそ「死地」に送り込まれるようなものだろう。

始めは処女の如くにして

どちらかというと、私が参考にしてほしいのは、「九地篇」の最後に出てくる敵とのだまし合いを制するにはどうしたらよいか、という部分である。

「始めは処女の如くにして、敵人、戸を開き、後には脱兎の如くにして、敵、拒ぐに及ばず」

孫子のたとえも冴えている。

「最初は処女のように振る舞えば、敵が油断して閉ざした戸も開かれる。その後は脱兎のごとく攻め立てれば敵は防ぎきることはできないだろう」

二五〇〇年前の中国の武将たちも処女の振る舞いには弱かったのだろうか。

私が処女にひっかかるかどうかは別として、相手の油断を誘うためには、何か喜びそうなオイシイ話を提供するというのは古今東西変わらないようだ。永田町というところは、その手の話題に事欠かない。

過去に永田町で話題になった詐欺話に「スリランカのイカ」というものがある。スリランカでは大臣に気軽に面会することができる。しかしそんな事情を知らない日本人に「大臣に会わせてあげる」などと声をかけたら、単純に感激してしまうだろう。舞い上がって冷静な判断ができなくなったところに、次のような話を持ち掛けるのだ。

「日本人はイカが大好物だと聞きました。しかし、スリランカ人はイカを食べません。スリランカ沖には大量のイカが生息しているのですが、イカを食べる習慣がないので漁網にかかっても腐らせて捨てるしかないのです。あなたがイカの漁業権を安値で買い上げてみませんか」

すっかり舞い上がったカモは、大きな漁業会社を設立して大成功を収めたような気分になり、前金を支払い、現地で接待に膨大なお金を使い、先行投資として立派な工場まで建ててしまう。しかし、大臣からもらった漁業権は日本でいうところの観光客向けのワカサギ釣りの許可証のようなもので、水域を独占する権利など何もない。

永田町が絡んでくるのは、カモが舞い上がっている最中に、付き合いのある国会議員に会いに行き、現地でのもうけ話を報告し、「水産庁の担当者に会いたい」「商社とコンタクトを取りたい」などと動き始めるケースが多いからだ。

永田町でこうした話が出回っても、私のように何十年も秘書をしていれば「またか」という気持ちでやり過ごすだけだが、若手の議員や秘書たちは、カモとなった陳情者と一緒に舞い上がってしまう。

スリランカのイカが一段落すると、ボルネオの蛍石になったり、インドネシアのエビになったりする。インドネシアのエビは昭和五〇年ごろに流行して現地視察を行った人も少なからずいた。中には役所を辞めて水産会社までつくり、挙句の果てに大損して消息不明になった官僚もいたほどだ。だまされる方がバカではないかとも思うのだが、海外での大きなビジネスというのは、日本人の心にスキをつくるのだろうか。

孫子の「九地」の分類によれば、国外での戦いの場は、敵国でも自国に近い「軽地」

と、敵の領地内に深く踏み込んだ「重地」の二種類がある。「軽地」は駐屯してはならないとある。「重地」では兵糧の調達に注意しなければならないとされている。海外での勝負というのは、やはり困難が伴うようである。

ポイント

どうしても戦わざるを得ない場面では非情な判断も必要。だまし合いの極意をつかめ。海外での美味しいビジネス話は要注意。

最後は「腕力で勝負」する覚悟も時には必要だ。

十二、火攻篇

火

「炎上」への対処法

火を行うには必ず因あり

「火攻篇」は文字通り、火を使った攻撃法について解説してある章である。「戦わずして勝つ」ことを最上の策とする孫子が火のつけ方に一章を割いている。当初は不思議でならなかったが、これも読み込んでみると、火を効果的に使うことによって、戦う期間を短くして、戦争による損害を最小限に抑える戦法として紹介されていることがわかる。

「およそ火攻に五あり。一に曰く、人を火《や》く。二に曰く、積《し》を火く。三に曰く、輜《し》を火く。四に曰く、庫を火く。五に曰く、隊を火く。火を行うには必ず因あり。煙火は必ず素より具う。火を発するに時あり、火を起こすに日あり。時とは天の燥《かわ》けるなり。日とは月の箕《き》、壁、翼、軫《しん》に在るなり。およそこの四宿は風起こるの日なり」


火攻めで何を焼くか、という点から始まるところが非常に具体的だ。

「火攻めの狙いは五つある。一に人馬。二に兵糧。三に輜重。四に倉庫。五に屯営。

火をつけるのには条件があり、空気が乾燥して風が強い季節に火をつけると成功する。

箕、壁、翼、軫に月がかかっている期間は、風が強いので火攻めに最適だ」

「箕、壁、翼、軫」は何のことだろうと思ったら、古代中国の星座の名前だそうだ。

これら四つの星座に月がかかっている時期は風が強いということから火攻めの条件に合っているそうだ。

三国志のハイライトの一つである「赤壁の戦い」も火攻めである。長江を下ってきた魏の曹操の大船団を、諸葛孔明と呉の軍師、周瑜が火攻めで打ち破った戦いだ。日本では三国志は人気があり、吉川英治の小説も、横山光輝のコミックもロングセラーとなっているから知っている人も多いだろう。ハリウッドでも「赤壁の戦い」の場面が映画化されている。

一方、日本は古くから木造建築が中心で一度火がついたら町全体が焼失してしまう危険性があるためか、戦いに火を使った例は少ないような気がする。日本史で有名なのは織田信長の比叡山焼き討ちくらいだろうか。やはり、日本人離れした軍略家だったといえる。

どちらかといえば日本の戦国時代で有名なのは水攻め。豊臣秀吉の備中高松城水攻めや、『のぼうの城』で映画化された石田三成の忍城水攻めなどがよく知られている。

しかし、孫子は水攻めの効果は認めながらも、火攻めと水攻めなら火の方が効果的だと考えていたようだ。

「故に火を以って攻を佐《たす》くる者は明なり。水を以って攻を佐くる者は強なり。水は以って絶つべく、以って奪うべからず」

「火による攻撃が効果的なように、水を使った攻撃もまた有効である。しかし、水攻めの場合は、敵の兵糧は断てるが、奪うところまで行かない。敵が落ちるまで時間がかかるからおすすめではない」

ということだ。孫子にとっては、「戦わずして勝つ」と同じくらい、短期決戦によるコスト削減も大きなテーマだったからではないかと想像している。

一に曰く、人を火く

さて、火攻めの解説であるこの章を現代のビジネスマンの参考にすることができるのか。何しろ「一に曰く、人を火く」である。今、同じことをやったら、放火で逮捕される。

火攻めの結果が「炎上」であると考えたとき、現代の日本にも〝火攻め〟を好んで使いたがる政治家がいたことを思い出した。橋下徹氏である。フォロワー約一四〇万人のツイッターなどを活用した独特の発信力を武器として彼ほど〝火をつける〟ことに長けた政治家はなかなかいない。

大阪府と大阪市の二重行政や古い体質にケンカを売って華々しくデビューしたまではよかったと思う。ただ、脱原発をめぐる電力会社への非難、都構想をごり押しした結果の住民投票とその敗北、在特会との恥ずかしい公開討論など、常に炎上によって関心を集めてきた割に結果が出ていない。

実は私も橋下氏のツイッターで、貴重なご意見をいただいた経験がある。彼が大阪府知事時代に、「大阪市の借金が減って、大阪府は借金が増えた」と指摘したことなどに対して二五回も反論してきたのだ。

反論の根拠は「飯島の指摘は間違いだと大阪市役所の財政当局が認めた」というも

のだった。当時、橋下氏は大阪市長である。自らが生殺与奪の権を握る組織に所属する部下が「認めた」というだけでは根拠が薄弱である。

わかりやすくいえば、漫画『ドラえもん』に登場するガキ大将ジャイアンにいつも媚びへつらうスネ夫が、「ジャイアンの歌はとてもうまい」というのを根拠にして、「俺の歌はうまい」と自慢しているのと同じことではないか。

「ジャイアンの歌が下手だというのび太の指摘は間違いだとスネ夫が認めた」では、お話にならない。ジャイアンの歌をほめなかったら、スネ夫やのび太はどんな目に遭うか。橋下氏の主張を認めなかったら、市の財政当局にはどんなことが起きたか。想像するだけでも恐ろしい。

これはあくまでも一例に過ぎない。彼の発信力は本当に素晴らしいが、論拠がいつも弱いのである。だから、どんなに火をつけても、大阪から全国に燃え広がるような風が吹かない。市長を引退し、維新の会を分裂させ、大きな勝負に出ようと考えているのなら、一度「孫子」を読むことをおすすめしたい。

火

主は怒りを以って師を興すべからず

孫子の「火攻篇」は、戦いにおける具体的な燃やし方が書かれているのだが、最後の一段落だけは、火を点けてはいけないものについて説明されている。リーダーは自らの怒りに火をつけてはいけないということだ。

「主は怒りを以って師を興すべからず、将は慍《いきどお》りを以って戦いを致すべからず。利に合して動き、利に合せずして止む。（中略）亡国は以って復《ま》た存すべからず、死者は以って復た生くべからず」

「リーダーというものは、怒りに任せて戦いを始めてはいけない。国が滅んでしまえばそれで終わりだし、一度死んだ人間は蘇ることはないのである」

だから、人の上に立つ人間は、感情を抑えるべきなのだと思う。

個人的には、火を消す方法も書かれているとなおよかったのではと感じている。

ポイント

現代の日本では火攻めを行ってはいけない。ネット上の「炎上」から成果を求めるのは難しい。怒りに任せて他人を攻撃してはいけない。

曹操が赤壁の戦いで用いた「連環の計」は
火計により破れた。

十三、用間篇

間

情報活用はリーダーの常識

敵の情を知らざる者は不仁の至りなり

「用間」の「間」は間諜＝スパイのことで、孫子はこの篇で間諜を用いて情報を集めることを説いた。孫子の戦略の極意である「戦わずして勝つ」ことを成し遂げるためには、「情報」が何よりも重要なカギとなる。

全一三篇の最後のまとめとしてこの「用間篇」があることが、私が孫子にシンパシーを感じる最大の理由である。私のような立場では、スパイを養成して潜入させるようなことはできないのだが、秘書としての日々の仕事の中で「情報を集めて活用する」

間

ことを常に意識していたからこそ、今日の私があるのだと考えている。「用間篇」の冒頭は、戦いにおける情報の重要性が書かれている部分なので、少し長いが引用したい。

「およそ師を興すこと十万、出征すること千里なれば、百姓の費え、公家の奉、日に千金を費やし、内外騒動し、道路に怠り、事を操るを得ざる者七十万家。相守ること数年、以って一日の勝を争う。而るに爵禄百金を愛《おし》みて敵の情を知らざる者は不仁の至りなり。人の将に非ざるなり。主の佐に非ざるなり。勝の主に非ざるなり。故に明君賢将の動きて人に勝ち、成功、衆に出づる所以のものは先知なり。先知は、鬼神に取るべからず。事に象るべからず、度に験《けみ》すべからず。必ず人に取りて敵の情を知る者なり」

大胆に意訳してしまうと、このような感じになる。

「実際に戦争に巻き込まれるような事態に陥ると、国が負担しなければならないコストは甚大なものになる。戦いが決するのは最後の一日かもしれないが、兵の動員は、そこまでに至る何カ月または何年もの間にわたることもあり、国力は疲弊してしまう。そんなことより、敵の情報収集に力を入れた方がいい。それができなければリーダーの資格はない。明君や、賢将が勝利を収めることができるのは、相手よりも先に情報を手にしているからだ。情報は鬼神がもたらすものではなく、まして占いでわかるようなものでもない。人間を使って探りださなければならない」

唯一、私が相容れないと感じたのは、孫子は情報を集めるのは「間諜」という特別な人を用意すべきと考えていたと思われる点だ。

私と彼との間に二五〇〇年の時の流れがあるからかもしれないが、情報があふれている現代においては、少し視点を変えれば、だれもが日常生活の中から重要な情報を見つけることができる。

逆に、重要な情報というものは「これが重要な情報だ」とわかりやすい顔で近づいてくることはめったにない。重大な情報が意味のない事実として目の前を通り過ぎてしまうことを避けるために、日ごろから情報の見方を鍛えておくべきだろう。

例えば、東京の女子大に進学した娘がワンルームマンションでどのように生活しているか、遠く離れた実家の両親が知る方法には次のようなものがある。月々の仕送りだけ送って娘にまかせきりだと細かい部分がわからない。多少面倒かもしれないが、水道、ガス、電気料金など公共料金は親の口座から引き落とすような形にすべきだ。

大学生なら真冬は学年末の試験やレポートに追われる時期だが、この期間に電気代がいつもとまったく変わらない場合は要注意。暖房もつけずにどこで何をしているのか。少なくとも部屋で勉強していないことは確実だ。

さらに水道代が急に増えるのも危険な兆候。水道の使用量はその部屋に住んでいる人間の数に比例するものなので、娘と別のだれかが一緒に生活している可能性が高い。

これらの情報を踏まえた上で娘と接し、親としての責務を果たしてもらいたい。

ビジネスの面でも断片的な情報から、全体像を探ることはできる。

例えば、自動車免許証一枚からも、その人の性格や仕事への姿勢を探ることができる。

免許証には、氏名、生年月日、住所などが書き込まれている。私が注目するのは、公布日の右横に記された、一見意味がなさそうな五桁の数字だ。この数字からは、どんな時間帯に免許更新の手続きを行ったかを推測することができる。五桁のうち左の二桁は、免許センターの撮影装置の番号。続く三桁が、その機械で何番目に撮影されたかを示す数字。例えば五桁の数字が「15258」であれば、一五番の機械で二五八番目に受け付けた免許証ということになる。

二五八番目というのは、かなり遅い時間だ。少なくとも朝一番に並んでいないことは確実。公布日が平日の場合、この免許の持ち主は仕事を休んで更新手続きに出かけたことになる。仕事熱心なサラリーマンなら、できるだけ業務に支障を来さないよう、早朝から免許センターに並んで午前中の早い時間に手続きを済ませたいと考えるはずだ。番号が遅い免許を持っていたら、それほど仕事熱心ではないタイプであることが想像できるのだ。

営業先で今どき珍しく羽振りのいい人に出会い、大きな契約が取れるのではないかと期待する一方で、何かひっかかる感覚を覚えたとする。そんなときは足元を確認するのが手っ取り早い。高級車に乗っていると話しているのに、靴底が磨り減っていたら、相手の話には何かウソがあると考えて間違いがない。

消費者金融業界では「台所のきれいなオンナには金を貸すな」という言葉がある。逆にいうと、流しに食べ残しや洗っていない食器が散乱しているような人は「お得意様」ということになる。消費者金融にとっては几帳面に返済するような客よりも、台所が汚くても気にならないようなルーズな性格の方が、利子がどんどん膨らみもうけが増えるありがたい客なのだ。

もう一つ、私が情報を集める際に、重要なアイテムとして活用しているものがある。それはタバコだ。

禁煙ファシズムがはびこるようになってから、タバコ部屋の存在感はますます大きくなっているように感じる。タバコ部屋は、部署や階級の壁を越えて、さまざまな情

報が集まる最高の環境といえる。複数の企業が入る都心のオフィスビルの喫煙スペースなどは、企業の壁を越えた人間関係を築くチャンスもある。愛煙家同士という安心感もあり、初対面でも打ち解けられる可能性が高い。そこでは、禁煙派では絶対に耳にすることができない、高度な機密だって入手可能なのである。

しかし、どんなに情報を集めたとしても、それを分析し、活用する能力がなければ意味がない。それはこの二五〇〇年間、変わらない真理であると思う。

ポイント

身近な生活情報の中に隠れている真実を見抜く。
営業マンの身なりから会社の経営状態を分析する。
タバコは情報収集の重要アイテム。

私が三日三晩
祈とうしている間に
風が吹いたら
時を移さず
敵に攻め寄せ
られますよう

特別対談
朝青龍と六〇分。

第六八代横綱・実業家

朝青龍

ドルゴルスレンギーン・ダグワドルジ

一九八〇年、モンゴル・ウランバートル生まれ。九七年、日本の明徳義塾高校に相撲留学し、九九年若松部屋（現・高砂部屋）に入門。二〇〇一年一月場所に新入幕。〇二年幕内初優勝。〇三年横綱昇進。一〇年引退。横綱在位四二場所、幕内優勝二五回（歴代単独四位）で、貴乃花、白鵬と並び「平成の大横綱」と称される。愛称は本名からとった「ドルジ」。

――秋晴れの下の首相官邸。

官邸のSPすら目を見張るような一際屈強な男が飯島勲内閣参与室を訪れた。第六八代横綱・朝青龍（ドルゴルスレンギーン・ダグワドルジ、愛称「ドルジ」）氏だ。二〇一〇年の引退後、日本のマスコミからは姿を消した感が強かった。しかしフットワーク軽くモンゴルと日本を行き来している。飯島参与とは何度も顔を合わせ、冗談を飛ばし合う昵懇の間柄である。

私はこうして相撲をやめました

飯島勲　あれだけ土俵の主役を長く務めてきたのに、角界に未練を残さずにスパッと引退した。当時は初場所優勝してから一一日後の引退表明。潔すぎるくらいだった。もう少し頑張れたのではないですか。

朝青龍　相撲では完全燃焼した思いがありました。

飯島　一切土俵を振り返らなかった。日本を見捨てたのかと思ったくらい。そのせいで、私たちの朝青龍のイメージは昔のままで止まってしまっている。横綱（飯島氏は、ドルジ氏のことを「横綱」と呼ぶ）が敏腕の実業家になっているなんてことを日本の人たちは信じないかもしれません。

朝青龍　そうですね。相撲を離れていると、母国モンゴルのために何か自分ができることはないかと考えるようになったんです。

大きなところでは、首都・ウランバートルに大規模な商業施設の開発を計画しています。日本でたとえるなら「日比谷公園のような立地に、六本木ヒルズや東京ミッドタウンをつくる」と言えばわかりやすいでしょうか。ほかにもモンゴル国民投資銀行の筆頭株主です。

飯島　日本人はみんなびっくりするのではないですか。日比谷公園にミッドタウンとなると、とんでもなく大きな計画ですね。

朝青龍　ウランバートル・ミッドタウン。モンゴルの人口は約三〇〇万人で、その三分の一がウランバートルに集まっています。ウランバートルは五〇年以上前に旧ソ連がつくった建物がほとんどです。老朽化もしているので、街の雰囲気をもっと明るくしたい。そんな発想から生まれました。首都の中心街を賑やかにして、若い人が集まれる場所にしたい。二四時間営業にしてね。ただし、中心のビルは六八階建てにしたのです。私が六八代横綱だから（笑）。

飯島　それは面白い。大相撲の歴史を大事にしてくれている。そういえば、一〇年の引退断髪式のときに、「私の体の中には二つの心臓がある。生んでくれたモンゴルと育ててくれた日本を愛している」と話しましたね。

朝青龍　あれから五年もたちます。

飯島　これまで日本のマスコミをずいぶん賑わしました（笑）。

朝青龍　もう、今日はそういう話はやめましょうよ（笑）。

飯島　横綱は、日本の歴史でいうなら三菱グループの創業者・岩崎弥太郎のような存在だと思う。弥太郎は明治維新のときに大活躍し、日本の発展のために尽くした人。「所期奉公の精神」（期するところは社会への貢献）を掲げて、事業を拡大していった。

私利私欲でお金儲けをするのではなくて、愛国心をしっかり持ってビジネスの世界に乗り出している。

朝青龍　確かに愛国心という気持ちは非常に強い。そして、モンゴルと日本の架け橋になりたい。今、一番力を入れているのは蕎麦の栽培です。

飯島　蕎麦栽培というのは、横綱のイメージからほど遠いね。

朝青龍　農業は素晴らしい産業です。モンゴルは、レアメタルなど鉱物資源が豊富ですが、そういった天然資源はいつかはなくなってしまう。でも、農業はずっと続けられるのです。

東モンゴルに二〇万ヘクタール（東京ドーム四万二五〇〇個分）の土地がありまして、土の状態を調べて農業地としてしっかりと整備して、広大な蕎麦畑をつくりました。日本が持っている世界最高のナノテクノロジー技術を導入して調査や実験をしました。北海道から蕎麦のタネを輸入して、最高に美味しい蕎麦が実りましたよ。日本の食べものは美味しい。モンゴルでも、ブランドとして信頼感があります。二〇一五年、テストで一〇〇〇トンの蕎麦を実験的に日本に送り、北海道で「モンゴル　そば祭り」を開催しました。とても好評でしたし、ゆくゆくは年間五万トンを輸出したい。

飯島　日本は今、蕎麦の実の六〇%を中国からの輸入に頼っています。モンゴル産が安全でとても美味しいのは勿論ですが、輸入先が多様化すれば食糧安全保障にもつながります。

朝青龍　中国産だけに頼るのは日本にとってもよくない面がある。蕎麦畑があるのはノモンハン事件（日本の傀儡国である満州国とソ連の傀儡国であったモンゴル人民共和国との国境紛争）のあった土地です。そういうところに美しい日本の蕎麦の花を咲かせたかった。日本とモンゴルの平和のシンボルにしたいと思いました。

私はきっぱりお酒もやめました

飯島　横綱は弁解をしないから、マスコミのつくった悪いイメージが一人歩きしているのかもしれない。あまり知られていないけれど、安倍晋三総理大臣の母上である洋子さんが、モンゴルへ行った際も、道中の手配や案内役を引き受けていた。そういえば、安倍総理の自宅にも招かれたのですね。

朝青龍　安倍総理と、日本のこと、世界のこと、いろいろとお話をすることが楽しいです。

飯島　安倍総理と家族ぐるみの付き合いをしている人は、日本にだってそうはいない。そして、そういう関係性を横綱はまったく自慢しない。そこが素晴らしい。私と話すときも、自分のビジネスの陳情は一切ない。政治に近づいてくるビジネスマンの九九%は、自分のビジネスのことしか考えてない人たち。この前、楽天の三木谷浩史氏をプレジデントの誌面で批評したのだけれど、政商とまでは言わないけれど、やはり公私混同というか、私利私欲が見え隠れする。国にとってプラスになる話ではなく、自分がプラスになるから規制緩和してほしいというのは、本末転倒の議論だと思う。横綱は自分のビジネスのお願いを私にまったくしない。モンゴル発展のために協力してほしいという話ばかり。母国の将来のことを真剣に憂いている。

朝青龍　モンゴルでどんなに品質のいいものをつくっても、日本に送るためには中国の港を経由しなくてはいけません。その依存度は九五％にも達します。北朝鮮、ロシアの港も利用できるようにして、交渉力や危機管理能力を上げる必要があります。

飯島　モンゴルは、地政学的に日本よりもはるかに厳しい環境に置かれている。ロシアと中国という両軍事大国と陸続きであり、外交上のバランスをどうとるか。そういう意味で、物流を一国のみに依存している状態は変えたほうがいいという横綱の問題意識は正しい。ところで、さっき小耳に挟んだのだけれど、お酒をやめているんですか。

朝青龍　そうなんです。三年前から。

飯島　あれだけ好きだったお酒を、三年前からきっぱりとやめたそうですね。横綱は食に関しては豪快なイメージもあったので驚きました。

朝青龍　そうなんです。飯島さんもお酒、飲まないでしょう。

飯島　お酒を飲んでいいことなんて一つもないのです。政治は深夜に動くという永田町に伝わる格言があります。多くの国民が寝静まった深夜一時過ぎに、大きな政局が生まれることがたくさんあります。

一つには全国紙朝刊の締め切りが、深夜一〜二時に来ることです。ここで記事の最終確認のために、記者が政治家に突撃する。また早朝の四〜五時には新聞の早刷りができます。ここでくまなく新聞をチェックし、総理大臣が朝官邸に入るまでに、あらゆる手段で事態の収束を図る必要があります。これはメディア対策です。もう一つは、時差です。日本時間の深夜から早朝にかけて、海外で日本に関する大きな発表や事件が起こる可能性があります。アメリカで9・11テロがありましたが、世界で一番先にアメリカを支持する声明を出したのは、私が危機管理を担当した小泉純一郎政権でした。以後、日米は厚い信頼関係を結ぶことができました。危機管理を担当する人間に、お酒を飲んでゆっくりできる時間などないのです。

シベリア鉄道が結ぶ野望

朝青龍　私も同じです。真剣にやりたいことがいっぱいあるから、お酒を飲んでいる時間が惜しいのです。深酒が過ぎると次の日にも影響します。何もいいことがない。

飯島　タバコは吸えば吸うほど頭が冴えますが、お酒は逆ですよね。判断力が鈍る。体にも悪い。ビジネスマンもお酒をやめろとは言わないけれど、控えめにしたほうがいい。焼酎の水割りを注文しておいて、実際は店の人に頼んで、水を飲んでいればいい。政治家がよく使う手です。

朝青龍　私は、お酒をやめてからどんどんアイデアが湧いてきます。モンゴルを横断するシベリア鉄道も、飯島さんに協力していただきながら、計画を練っているところです。

飯島　地域の発展には、まずインフラ整備が必要ですね。

朝青龍　そうです。現状、シベリア鉄道はロシアのイルクーツクから南下して、モンゴルのウランバートル、中国の北京を結んでいます。モンゴルには、優良な石炭が採れることで世界的に有名なタバントルゴイという地域があります。タバントルゴイ鉱山は一〇億トン以上の埋蔵量を誇る世界最大規模の高品位原料炭炭鉱です。タバントルゴイから鉄道を敷いて、シベリア鉄道につながると、世界のエネルギー供給が劇的に変化するぐらいの大事業になる可能性を秘めています。

飯島　数年前までは、中国の高成長があり、各先進国の金融緩和政策による余剰資金によって、石炭・石油などの資源が投機対象となり、価格が急騰していました。しかし、中国経済が大減速し、世界的にも景気の不透明感が高まっている今、資源価格が下落してしまった。モンゴルとしては、石炭事業から得られる利潤を担保にシベリア鉄道を延伸させようという考えだったのでしょうが、それが厳しい状況になってしまった。

朝青龍　そうなのです。石炭の価値が下がっているから、だれも本腰を入れられない。そこで日本政府にお願いしているわけです。

飯島　安倍総理も、横綱の真摯な気持ちをよく理解しています。名前は出さないけど、ある外国人力士は、自分のビジネスばかりに精を出していた。相撲でできた信頼をぶつ壊してまでお金に執着する。ああいうのは、尊敬されないね。やはり、横綱の心には、自分のビジネスの前に、国がある。モンゴルで最大級の敬意を集めているのもわかる気がします。

朝青龍　モンゴルの人口は三〇〇万人。土地は日本の四倍もある。この国を何とかしたい。どうやって生き残っていくのか、繁栄していくのか、真剣に考えています。

モンゴル国内でもいろいろな議論があって、中国ともっと仲良くしたほうがいいという人やロシアにもっと近づいたほうがいいという人がいます。中には、私が日本のことを強く推すので、日本の利益を代弁していると非難する人もいます。確かに、私は日本のことを推しているかもしれません。しかし、それは世界で一番の技術がたまたま日本にあるからであって、モンゴルのことを一番に考えての話なのです。とても頭にくる話ですが、私のことを日本の利益の代弁者だと言いたい人には言わせておきます。結果を見てもらえればわかると思っていますので。技術・信頼といった日本の素晴らしいところを取り入れることはモンゴルの国益です。

ジンギスカン鍋としゃぶしゃぶの謎

飯島　日本人の赤ん坊には、蒙古斑と呼ばれる青いアザがある。日本人とモンゴル人は遠い先祖が一緒だった証拠です。顔もとても似ています。

朝青龍　モンゴルには資源がある。でも技術と資金がない。だから、日本にぜひ協力してもらいたい。お互いにメリットのある話です。

飯島　今、モンゴルでは戦争はないけど、経済戦争は起こっているからね。もし、モンゴル国内を横断できる鉄道が完成すれば、中国の貿易港に頼っている現状が打破できる。

朝青龍　その意味では、プーチン大統領が開発を進めようとするウラジオストクはどんどん発展してほしい。

飯島　ウラジオストク港から新潟港に、以前は定期便が出ていましたし、いつか復活できるかもしれませんね。そして日本の新幹線が金沢まで開通しました。これから日本列島の日本海側の都市はどんどん発展していきます。その流れの中で、プーチン大統領とも連携しながら、日本、モンゴルが発展していく。

朝青龍　日本の方々には想像しにくいと思いますけど、モンゴルの立ち位置はとても脆弱です。中国、ロシアに挟まれ、北朝鮮情勢にも無関係じゃない。そういう中で、発展を遂げていかなくてはいけない。

飯島　チンギス・ハーンが生まれた国だから、国民の持っている可能性は無限大に近い。大相撲を見れば番付が上の力士は、ほとんどモンゴル出身。これぐらいお互いに尊敬できる二国関係というのは世界に類を見ない。横綱の食べていたちゃんこ鍋は日本料理だけど、日本人の大好きなしゃぶしゃぶはモンゴル発祥なのですよ。

朝青龍　それは知りませんでした。

飯島　ついでに言うと、羊肉を丸い鉄板で焼くジンギスカン鍋は、満州国国務院初代総務庁長官の駒井徳三が、中国料理の鍋羊肉（コウウヤンロウ）をベースに創作した料理です。だから、モンゴルでジンギスカン鍋を食べさせろといっても出てきません（笑）。

朝青龍　ジンギスカン鍋は日本料理です（笑）。

飯島　源義経が大陸へわたり、チンギス・ハーンになった伝説のように横綱も大活躍してください。

あとがき

プレジデント誌の連載「リーダーの掟」(月二回)も早いもので、まもなく二〇〇回を迎える。ここまで続けられたのも読者の皆様のおかげだと感謝している。自分の永田町での経験を読者のビジネスに生かしてもらいたいと始めたが、まったく違う分野の方との対談など、この年齢で新たな出会いにも恵まれた。

今回は、また新しい挑戦として、孫子の兵法を題材として自分の経験を振り返ってみた。連載掲載時に好評で、こうして一冊丸ごと孫子の本ができた。あらためて一三篇を通して読んでみると、意外にもこの平和な時代にも当てはまることが多いことに驚くと同時に、二五〇〇年前に現代にまで通じる兵法を論じていた孫子の偉大さに打ちのめされた。もしかしたら、永田町というところは、二五〇〇年前の中国とあまり変わらない状態なのかもしれないが、孫子が偉大であることは間違いがない。やはり、私が孫子について語るのはこれが最初で最後であるという思いを強くした。

今回、使用したテキストは、プレジデント社刊『全訳「武経七書1　孫子呉子」』（守屋洋、守屋淳著）である。最近は、ビジネス仕様に解説がついている孫子本が多い中で、孫子の原文に忠実なわかりやすい内容で、中国の故事なども紹介されていて、非常に参考になった。

そして、何よりもありがたかったのは、表紙や挿絵として横山光輝先生の作品を使用することを快諾してくださった光プロダクションのご協力だ。拙著の横山先生の絵。感激である。

最後に、ここまでお付き合いいただいた読者の皆様に感謝の意を表して結びのあいさつとしたい。

二〇一六年五月　飯島勲

飯島 勲

（いいじま・いさお）

1945年長野県辰野町に生まれる。1972年小泉純一郎の衆議院初当選とともに、その秘書となる。竹下内閣、宇野内閣で厚生大臣秘書官。宮澤内閣で郵政大臣秘書官、橋本内閣で厚生大臣秘書官。小泉内閣で首席総理秘書官。元自由民主党秘書会副会長。永年秘書衆議院議長表彰、永年公務員内閣総理大臣表彰を受ける。現在、内閣官房参与（特命担当）、松本歯科大学特命教授、ウガンダ共和国政府顧問、シエラレオネ共和国名誉総領事、コソボ共和国名誉総領事。

著書に『人生「裏ワザ」手帖』、『リーダーの掟』『秘密ノート』『ひみつの教養』など多数。

ヒト・モノ・カネを自在に操る

孫子の兵法

2016年5月20日 第1刷発行

著者　飯島勲

発行者　長坂嘉昭
発行所　株式会社プレジデント社
〒102-8641
東京都千代田区平河町2-16-1
平河町森タワー　13階
電話　編集 03-3237-3737
販売 03-3237-3731

ブックデザイン　NILSON望月昭秀
印刷・製本　株式会社ダイヤモンド・グラフィック社

ISBN 978-4-8334-5094-2
Printed in Japan
落丁・乱丁本はおとりかえいたします。本書は、
プレジデント誌連載に加筆、再構成したものです。
文中一部敬称略。